AF613146

No 69 bis.

BULLETIN OFFICIEL DU MINISTÈRE DE LA GUERRE.

INSTRUCTION DU 19 DÉCEMBRE 1900

SUR LE

SERVICE DES REMONTES & DES HARAS

EN ALGÉRIE ET EN TUNISIE

PARIS
HENRI CHARLES-LAVAUZELLE
Éditeur militaire
10, Rue Danton, Boulevard Saint-Germain, 118

(MÊME MAISON A LIMOGES)

Paris et Limoges. — Imprimerie militaire Henri CHARLES-LAVAUZELLE

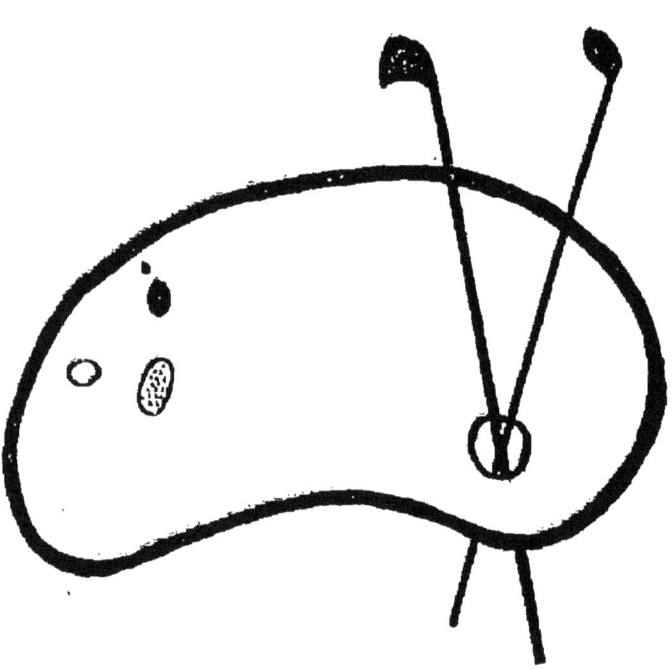

FIN D'UNE SERIE DE DOCUMENTS
EN COULEUR

BULLETIN OFFICIEL
DU MINISTÈRE DE LA GUERRE.

INSTRUCTION DU 19 DÉCEMBRE 1900

SUR LE

SERVICE DES REMONTES & DES HARAS

EN ALGÉRIE ET EN TUNISIE

PARIS
HENRI CHARLES-LAVAUZELLE
Éditeur militaire
10, Rue Danton, Boulevard Saint-Germain, 118

(MÊME MAISON A LIMOGES)

BULLETIN OFFICIEL DU MINISTÈRE DE LA GUERRE.

INSTRUCTION

SUR LE

SERVICE DES REMONTES ET DES HARAS

EN ALGÉRIE ET EN TUNISIE

Paris, le 19 décembre 1900.

Notions générales sur l'organisation et le fonctionnement du service.

Art. 1er. Le service des établissements hippiques de l'Algérie et de la Tunisie se divise en deux parties :

1° Le service des remontes proprement dit.

Il est institué pour encourager la production et l'élevage des chevaux de selle et effectuer l'achat de ceux nécessaires à l'entretien des effectifs de l'armée.

2° Le service des haras.

Les deux services des remontes et des haras sont assurés par des établissements qui prennent le titre de : « Dépôts de remonte et d'étalons ».

Des succursales et des annexes sont rattachées à certains de ces dépôts.

Le service des haras comprend en outre une ou plusieurs jumenteries rattachées, pour certaines parties de leur fonctionnement, à des dépôts de remonte et d'étalons désignés par le Ministre. Elles sont destinées à produire des étalons de choix et à donner du bon élevage.

(Voir l'annexe n° 1 du présent règlement pour la désignation des dépôts de remonte et d'étalons ainsi que des succursales-annexes et jumenteries qui y sont rattachées.)

Police et discipline.

Art. 2. Les établissements hippiques sont placés, pour la police et la discipline seulement, sous les ordres de l'autorité militaire territoriale ; toutefois, ces officiers généraux ne peuvent disposer des officiers, sous-officiers et cavaliers qui composent ces établissements que dans le cas d'événements majeurs et imprévus.

1re PARTIE.

Services des remontes.

TITRE Ier.

INSPECTIONS. — PERSONNEL.

Inspections.

Art. 3. Les établissements hippiques sont soumis aux inspections passées par M. le général, inspecteur général permanent du service des remontes ou par son adjoint.

Les généraux commandant les subdivisions territoriales ainsi que les généraux de brigade de cavalerie ne doivent pas recevoir communication des documents de l'inspection générale du service des établissements hippiques.

Les attributions du général inspecteur permanent comprennent le contrôle supérieur des opérations d'achat exécutées par les comités d'après les ordres ministériels, et du personnel des établissements et des compa, nies de cavaliers de remonte.

L'étude des améliorations à apporter au fonctionnement du servce et à son installation matérielle, les rapports avec les autorités civiles et avec les fonctionnaires de l'administration des haras, en ce qui concerne la production et l'élevage du cheval de guerre, sont aussi du ressort de cet officier général.

Il a également la haute surveillance du service des étalons, de la monte et des jumenteries.

Le général inspecteur permanent des remontes peut, dans ses tournées d'inspection, inviter les colonels des différents corps de troupes montées à lui présenter les chevaux qui ont été fournis dans le courant de l'année par le service des remontes.

Cet examen lui permettra d'adresser au besoin aux commandants des dépôts de remonte des observations sur la composition des détachements qui ont été livrés; il s'entendra avec le commandement pour les visites de cette nature.

Du personnel.

Art. 4. Le personnel des établissements hippiques de l'Algérie et de la Tunisie comprend :

1° Un directeur des établissements ;
2° Des commandants de dépôts ;
3° Les officiers employés dans les dépôts de remonte et d'étalons, les succursales, les annexes et la jumenterie ;
4° Le personnel d'officiers de compagnies de cavaliers de remonte.

Direction des établissements hippiques.

Art. 5. Les fonctions de directeur des établissements hippiques sont dévolues à un officier supérieur du grade de colonel ou de lieutenant-colonel.

Il assure l'exécution des règlements en vigueur dans les établissements de remonte placés sous ses ordres et il exerce à leur égard l'autorité dévolue en France aux commandants de circonscription de remonte. (Décret du 20 octobre 1892, art. 293, § 14, portant règlement sur le service intérieur des troupes de cavalerie.)

Il instruit les demandes ou propositions se rattachant aux affaires du service courant de ces établissements, leur donne la solution qu'elles comportent ou les transmet, suivant le cas, à l'autorité compétente mentionnée aux divers chapitres de l'instruction ministérielle relative à ce service. Il dirige et contrôle les opérations des dits établissements en ce qui concerne les achats de chevaux et leur hygiène.

Il nomme aux différents grades de sous-officiers et de brigadiers dans les compagnies de cavaliers de remonte :

Il accorde des permissions de quitter la garnison dans la limite de quinze jours aux officiers autres que les commandants de dépôt ou de jumenterie, trente jours aux sous-officiers, brigadiers ou cavaliers.

Il transmet à l'autorité supérieure avec son avis motivé toute demande d'absence dont la durée dépasse sa compétence.

Il propose au général, inspecteur général permanent des remontes, toutes les mesures qu'il croit propres à améliorer le service de la remonte et des étalons ainsi que l'organisation des établissements.

Il inspecte, aussi souvent qu'il le juge nécessaire, ces établissements et les circonscriptions territoriales qui en dépendent.

Il reconnaît, pendant ses tournées, si les explorations des officiers de remonte sont faites convenablement et l'influence qu'elles ont sur les éleveurs.

Il préside, quand il le juge convenable, les comités d'achat, et désigne parmi les chevaux de remonte (tête et troupe) tous ceux qui lui paraissen susceptibles d'être proposés au général inspecteur pour passer dans la catégorie des étalons.

Il propose au général inspecteur qui les soumet à l'approbation du Ministre, la composition numérique et l'emplacement des stations d'étalons et donne aux commandants des dépôts ses instructions sur la manière de diriger les opérations de la monte.

Les dépôts et les jumenteries envoient tous les mois au colonel directeur, un rapport faisant connaître toutes les opérations qui ont eu lieu dans les établissements pendant le mois, toutes les mutations qui s'y sont produites et tous les événements qui y sont survenus (mod. nº 1).

Au moyen de ces différents rapports, le directeur des établissements hippiques en établit un d'ensemble en deux expéditions ; l'une est adressée au général, inspecteur général permanent des remontes, l'autre au Ministre (Bureau des Remontes) par l'intermédiaire de M. le général commandant le 19e corps d'armée.

Il s'assure que le service se fait dans les compagnies de cavaliers de remonte, conformément aux règlements en vigueur en ce qui concerne la discipline et les ordres spéciaux qui émanent du général, inspecteur général permanent des remontes.

Il lui est adjoint, en qualité de secrétaire, un sous-officier ou un brigadier pris dans une des compagnies de cavaliers de remonte de l'Algérie.

Personnel. — Officiers des dépôts et annexes de remonte.

Art. 6. Leur personnel est composé de la manière suivante :

Au chef-lieu de chaque dépôt d'Algérie :

Un chef d'escadrons hors cadres commandant (1),

Un capitaine ou un lieutenant acheteur permanent, } détachés d'un corps de troupe stationné autant que possible dans la même division militaire que le dépôt.

Un officier comptable (lieutenant ou capitaine), } détachés d'un corps de troupe stationné autant que possible dans la même division militaire que le dépôt.

Un vétérinaire en 1er,

Une compagnie de cavaliers de remonte.

Dans chaque succursale d'Algérie :

Un capitaine acheteur permanent commandant, détaché d'un corps de troupe stationné autant que possible dans la même division militaire que la succursale (2).

Un vétérinaire en second,

Un officier de cavaliers de remonte avec un détachement de sa compagnie.

Au dépôt de Tunis :

---

(1) Temporairement, ce commandement peut être confié à des capitaines détachés des corps de troupe.

(2) L'annexe d'Alger-Mustapha, en raison de son effectif peu important en chevaux, et de sa proximité du dépôt de Blida auquel elle est rattachée, est placée sous le commandement d'un lieutenant ou sous-lieutenant de la 6e compagnie de cavaliers de remonte, désigné par le directeur des établissements hippiques de l'Algérie et de la Tunisie. Pour le même motif, elle ne comporte pas la présence d'un vétérinaire.

Un capitaine acheteur permanent, commandant, } détachés d'un corps
Un officier comptable, } de troupe.

Un vétérinaire en 2e,
Un officier de cavaliers de remonte avec un détachement de sa compagnie

Ce personnel est destiné à former un comité d'achat dans chaque établissement et à y assurer le service des étalons.

Pour la période des achats comprise entre le 15 janvier et le 1er juillet de chaque année, il peut être adjoint au comité de chaque dépôt ou succursale, un officier acheteur à titre temporaire du grade de lieutenant ou capitaine détaché d'un corps de troupe à cheval.

En cas de commandes considérables pour les colonies ou autres parties prenantes, les comités peuvent être dédoublés afin d'opérer sur différents points à la fois. On les complète au moyen des officiers de compagnie de cavaliers de remonte ou d'officiers de régiments.

D'une manière générale, tout commandant de dépôt de remonte ou de jumenterie exerce les attributions d'un chef de corps ou de service relativement à la préparation et à la transmission des affaires. Mais son droit de décision est limité à celui que comporte son grade et il doit adresser au directeur des établissements hippiques toutes les questions dont la solution n'est pas de sa compétence sauf en ce qui concerne la police et la discipline générales qui relèvent de l'autorité territoriale.

Situation mensuelle nominative du personnel.

Art. 7. Chaque commandant de dépôt fournit mensuellement au Ministre une situation nominative du personnel (modèle no 2). Elle doit parvenir à l'administration centrale (2e direction; 2e bureau) au plus tard le 10 du mois au titre duquel elle est établie.

Un exemplaire de cette situation est également adressé au directeur des établissements hippiques.

Compagnies de cavaliers de remonte.

Art. 8. Le service de la remonte et des haras, en Algérie et en Tunisie, comprend trois compagnies de cavaliers de remonte portant les numéros 6, 7 et 8. Une de ces compagnies est affectée à chaque dépôt d'Algérie ; elle fournit à chacune de ses annexes ou succursales un détachement commandé par un officier, et celle du dépôt de Constantine a, en outre, un détachement semblable au dépôt de Tunis.

Les officiers ne sont admis dans les compagnies de cavaliers de remonte en Algérie que sur leur demande ; ils sont employés au service intérieur, au service des étalons et, s'il y a lieu, aux achats de remonte. Ils assistent à tous les enseignements donnés dans les établissements, font partie des comités, comme acheteurs temporaires, toutes les fois que les circonstances le permettent, et sont fréquemment envoyés en inspection de stations d'étalons, pendant la période de la monte. Ceux qui, après une préparation suffisante, donnent des preuves d'aptitude et de savoir, peuvent être proposés pour les fonctions d'acheteur à titre permanent. Si cet emploi leur est attribué, ils seront remplacés à la compagnie de cavaliers de remonte et affectés à un régiment de cavalerie où ils compteront comme détachés.

Le service des étalons et celui de la remonte forment, pour les sous-officiers, brigadiers et cavaliers des compagnies de cavaliers de remonte, deux catégories bien distinctes et le passage de la 2e à la 1re constitue une récompense.

Ces deux catégories sont les suivantes :

1° Militaires employés au service des étalons;

2° Militaires faisant le service de l'intérieur des établissements.

Le personnel employé au service des étalons est composé, autant que possible, de rengagés ou de commissionnés (1).

Ils ne possèdent pas d'autres armes que le revolver et ne sont astreints à aucun exercice militaire. Toutefois, les candidats à l'avancement suivent les cours des élèves brigadiers.

Ces militaires sont recrutés parmi les cavaliers des compagnies de remonte d'Algérie et au besoin de France et cette situation est donnée en récompense aux meilleurs sujets, à ceux qui fournissent des preuves d'intelligence, de bonne conduite et qui soignent le mieux les chevaux.

Cependant si le nombre des demandes est inférieur à celui des places vacantes, on peut accepter les rengagements ou les commissionnements sollicités par les cavaliers de régiment réunissant les qualités nécessaires pour bien remplir cet emploi.

Un comité est formé dans chaque dépôt pour étudier les titres des candidats. Il est présidé par le commandant du dépôt;

L'officier acheteur à titre permanent,
Et le capitaine commandant la compagnie de cavaliers de remonte, } membres.

A l'avenir aucun gradé ne sera envoyé d'office dans les 6e, 7e et 8e compagnies de cavaliers de remonte.

Lorsqu'il est nécessaire, faute de candidats, d'avoir recours à un régiment de cavalerie pour combler un vide, l'officier supérieur directeur des établissements hippiques de l'Algérie et de la Tunisie adresse une demande au général commandant le 19e corps d'armée, qui fait désigner dans un de ses régiments un militaire qui demande à passer dans une compagnie de cavaliers de remonte.

---

(1) Pour la tenue de ces militaires voir l'annexe n° 1 *bis* portant instruction relative à la tenue spéciale des cavaliers de remonte de l'Algérie et de la Tunisie rengagés ou commissionnés en qualité de garde-étalons.

La composition des compagnies de cavaliers de remonte en Algérie est, en ce qui concerne les officiers, celle déterminée par la loi du 13 mars 1875 sur l'organisation des cadres de l'armée.

L'effectif et la composition du personnel troupe sont déterminés par une décision ministérielle qui peut être modifiée selon les besoins du service.

La répartition de ce personnel entre les différents établissements de remonte de l'Algérie est assurée par le directeur des établissements hippiques d'après les nécessités du service de chacun d'eux.

TITRE II.

DU SERVICE DANS LES ÉTABLISSEMENTS HIPPIQUES DE L'ALGÉRIE ET DE LA TUNISIE. — ACHAT DES CHEVAUX.

Du service.

Art. 9. Les achats, la conduite des chevaux des lieux d'achats aux dépôts, ou aux corps destinataires, la réception et l'immatriculation des chevaux, les soins à leur donner pendant leur séjour dans les dépôts, leur remise aux corps de troupe, le service des haras tel qu'il est développé à la 2e partie du présent règlement, l'organisation des concours de primes d'encouragement à l'élevage et le fonctionnement de l'institution du stud-book algérien, constituent le service habituel des établissements hippiques de l'Algérie et de la Tunisie.

ACHATS.

Fixation et sous-répartition des commandes en chevaux.

Art. 10. Chaque année le Ministre fixe le nombre de chevaux à acheter en Algérie et en Tunisie et approuve la sous-répartition entre les dépôts préparée par le colonel directeur des établissements hippiques et notifiée par ses soins après signature ministérielle.

Opérations d'achats.

Art. 11. Les achats sont opérés soit à l'établissement même, soit en tournée d'exploration par un comité composé de trois membres, savoir :

Président : le commandant du dépôt ou un officier acheteur à titre permanent;

Membres : Deux officiers.

A l'établissement, l'officier comptable ou le vétérinaire remplace un des deux officiers comme membre ; le vétérinaire peut aussi être appelé à faire partie du comité en tournée, à défaut d'officier présent.

Les lieux d'achats sont :

1° Le siège de l'établissement;

2° Les principaux centres de production et les marchés;

3° L'intérieur du pays arabe où l'autorité compétente ordonne, sur des points désignés d'avance, aux dates fixées par l'itinéraire des comités, la réunion de tous les chevaux de la contrée réunissant les conditions requises pour être achetés.

Les lieux de réunion sont, partout où cela est possible, choisis à proximité d'une gare.

Art. 12. L'achat est direct; tout comité doit éviter d'opérer avec des hommes connus pour se livrer au maquignonnage et au commerce des chevaux.

Les achats ont lieu dans la limite des fixations indiquées par le Ministre aux époques suivantes :

Pendant toute l'année aux chefs-lieux mêmes des établissements de remonte;

De janvier à fin juin, à l'extérieur de ces établissements.

Toutefois, de juillet à janvier des séances d'achat pourront, exceptionnellement, être tenues à l'extérieur à la suite de grandes réunions hippiques (concours régionaux, concours hippiques et concours de primes), où le service des remontes peut trouver de bons chevaux à acheter.

Il pourra en être de même en cas de commandes supplémentaires nécessitées par des cessions urgentes aux départements de la marine ou des colonies, ou pour toute autre cause indiquée par le Ministre.

Les achats sont définitifs, sauf les cas d'annulations pour vices rédhibitoires, et proviennent :

1° Des Arabes;

2° Des colons éleveurs ;

3° Des vendeurs éventuels qui se défont de leurs chevaux par convenance.

Action et surveillance du commandant du dépôt.

Art. 13. Le commandant du dépôt dirige, surveille et fait effectuer par les comités sous ses ordres, les achats de chevaux ordonnés; il prend la présidence de ces comités aussi souvent que possible.

Tous les quinze jours il rend compte au Ministre des achats effectués, dans la forme indiquée par l'état n° 3, annexé au présent règlement.

Cet état est envoyé les 1er et 16 de chaque mois directement sans lettre d'envoi (Bureau des remontes).

Publicité.

Art. 14. Les tournées d'achat sont annoncées par des affiches approuvées préalablement par le colonel directeur des établissements hippiques et indiquant les itinéraires à suivre par les comités, l'âge et la taille des anima... à acheter et les jours de réception à l'établissement.

Les commandants de dépôts adressent sans retard un exemplaire de ces affiches, directement au Ministre (Bureau des Remontes), aux généraux commandant les divisions et subdivisions, à l'intendant militaire de la division, au sous-intendant de chaque ressort administratif où opère le comité et au commandant de la compagnie de gendarmerie de la division.

Les présidents de comités de remonte portent leur itinéraire à la connaissance des habitants des communes au moyen de l'apposition des mêmes affiches aux portes des mairies, des quartiers de gendarmerie, des gares de chemin de fer et d'annonces insérées dans les journaux de la localité, voire lorsque c'est possible, au moyen de crieurs publics sur les marchés importants.

Enfin, le commandant de chaque dépôt adresse à l'avance, au préfet du département une ampliation de l'itinéraire que le comité doit suivre, afin que ce fonctionnaire puisse le faire insérer dans le *Bulletin des actes administratifs*.

En pays arabe, la publicité par les affiches étant reconnue insuffisante, les administrateurs des communes mixtes, les commandants supérieurs des cercles et les chefs des bureaux arabes sous leurs ordres, sont les intermédiaires naturels entre les officiers de remonte et les éleveurs indigènes des tribus.

Ils doivent faciliter le service des remontes en indiquant les ressources chevalines de leurs communes et cercles au chef de service ; en faisant comprendre aux Arabes l'avantage qu'il y a pour eux à traiter directement avec les officiers acheteurs, sans l'intermédiaire des courtiers et des maquignons qui s'approprient une grande partie du prix de vente.

Ils doivent user de leur influence pour engager les chefs indigènes à encourager l'industrie chevaline et à s'y livrer eux-mêmes.

Ils doivent seconder les officiers acheteurs dans leurs achats et leurs explorations en faisant prévenir efficacement leurs administrés des lieux et dates des réunions; en engageant vivement les éleveurs indigènes à s'y rendre et en déléguant un de leurs adjoints auprès du comité pour lui fournir tous les renseignements que leur situation spéciale leur permet de posséder, et dévoiler toute tentative de tromperie de la part des vendeurs.

Taille des chevaux et des mulets.

Art. 15. La taille des chevaux mesurée sous potence, est réglée ainsi qu'il suit :

Chevaux d'officiers	$1^m,48$ et au-dessus.
Chevaux de troupe pour les colonies (Sénégal, etc)..	$1^m,43$ —

Chevaux de troupe pour l'Algérie :

Spahis		$1^m,45$ et au-dessus.
Chasseurs d'Afrique		$1^m,47$ —
Mulets et mules..	Pour le bât	$1^m,42$ —
	Pour le trait	$1^m,46$ —

Néanmoins, selon les circonstances et les localités, les acheteurs pourront user d'une tolérance d'un centimètre, sous la condition expresse que les chevaux rachèteront ce défaut de taille par des qualités supérieures.

Age des chevaux.

Art. 16. Les chevaux achetés dans les dépôts doivent réunir les qualités requises pour l'armée comme distinction, puissance dans le dessus et force dans la membrure, être d'origine arabe, barbe, arabe-barbe, entiers ou castrés, exempts de tares, à tous crins, c'est-à-dire ayant le tronçon de la queue intact, de l'âge de 4 ans au moins et de 8 ans au plus. Il est entendu, par cette rédaction, qu'on n'admettra que des chevaux ayant eu, ayant ou devant avoir 4, 5, 6, 7 et 8 ans dans l'année courante.

Toutefois, il conviendra de n'acheter des chevaux de 4 ans que si les ressources en chevaux de 5 ans et au-dessus sont insuffisantes pour satisfaire les commandes. En aucun cas on n'admettra ces animaux avant le 1er mai de l'année où ils prennent 4 ans.

Les mêmes règles sont applicables aux achats de mulets et de mules.

Toutefois, en ce qui concerne les mulets destinés aux colonies, les conditions d'âge et de taille peuvent être modifiées par le Ministre.

Le feu arabe ne sera pas considéré comme tare quand il aura été appliqué par précaution.

Mode et lieux d'examen des chevaux présentés.

Art. 17. Les opérations du comité de remonte se font en public, dans le lieu le plus favorable à l'examen des chevaux.

L'ordre est assuré et maintenu par les agents de la force publique (gendarmerie, spahis ou cavaliers des communes mixtes, selon le territoire sur lequel on opère). Les membres du comité sont revêtus de leur uniforme.

Les chevaux sont examinés individuellement.

Les lieux de réception sont combinés de manière à éviter aux éleveurs de trop grands déplacements, mais en tenant compte aussi de l'intérêt du Trésor. Partout où cela est possible, ils sont choisis à proximité d'une gare.

Réception par le comité des chevaux présentés.

Art. 18. Les chevaux présentés sont reçus par le comité de remonte à la majorité des voix.

Si le cheval est jugé recevable, chaque membre inscrit son appréciation sur son carnet de poche, avec le prix auquel il paraît devoir être payé.

Prix d'achat.

Art. 19. Les bases des prix d'achat sont déterminées, chaque année, par le budget.

Les chevaux présentés sont reçus par le comité de remonte à la majorité des voix, sans débats, et d'après une appréciation exprimée sur un bulletin que chaque membre remet individuellement au président. Le bulletin mentionne si le cheval est jugé recevable ou non, et, dans le cas de l'affirmative, le prix auquel il paraît devoir être payé.

Le président ne reçoit les bulletins des membres du comité qu'après avoir établi le sien.

Les membres du comité de remonte ne doivent pas perdre de vue, dans leur appréciation, que les évaluations budgétaires ne sont, en réalité, que des moyennes au-dessous desquelles on peut rester, comme il est aussi accordé de les dépasser.

Le prix du cheval reconnu susceptible d'être acheté est fixé provisoirement par le président; ce prix représente exactement la moyenne des évaluations indiquées sur les bulletins des membres du comité.

Lorsque l'un des membres autre que le président juge que le cheval n'est pas recevable, l'animal peut néanmoins être acheté, mais dans ce cas mention est faite sur le registre d'achat du nom du membre qui a refusé le cheval et des raisons qui ont déterminé son refus.

Lorsque le président juge qu'un cheval n'est pas achetable, son avis entraîne à lui seul le refus de l'animal.

Avant de faire connaître au vendeur le montant de la moyenne, le président lui demande le prix qu'il désire obtenir de son cheval et communique sa réponse aux autres membres de la commission. Après que celle-ci s'est assurée, par un dernier et rapide examen, que la demande du vendeur est conforme à la première estimation ou bien exagérée, le président demande à chacun des autres membres s'il maintient ou modifie son appréciation et il arrête alors définitivement le prix moyen de la commission, qui doit être accepté ou refusé, sans débats, par le propriétaire du cheval.

Toutefois, le prix demandé par le vendeur devra être considéré comme un maximum qui ne pourra jamais être dépassé par le comité d'achat dans la fixation du prix définitif.

Le comité apporte la plus grande réserve dans les refus qu'il prononce, pour ne pas déprécier les chevaux en signalant publiquement les défauts dont ils lui paraissent atteints ; il se borne à déclarer qu'ils ne sont pas convenables pour le service de l'armée à moins que le refus ne soit motivé sur des causes tout à fait apparentes, telles que le défaut de taille, l'insuffisance ou l'excédent d'âge.

Dans le cours des opérations, le président du comité de remonte ne doit rien négliger pour se mettre en rapport avec les éleveurs, et s'entretenir avec eux de tout ce qui peut intéresser l'industrie chevaline de la région.

Annonce faite au vendeur du prix fixé par le comité. — Signalement du cheval.

Art. 20. Lorsque le prix est accepté par le vendeur, il est proclamé à haute voix par le président en présence du public.

Toutefois il est fait exception pour les indigènes, afin de ménager à ce sujet l'amour-propre de certains d'entre eux.

Il est ensuite procédé à la prise du signalement du cheval ; mais ce signalement n'est définitif que lorsqu'il a été vérifié par le commandant du dépôt.

Marquage des chevaux achetés à l'encolure.

Art. 21. A la fin de chaque séance faite à l'extérieur, les chevaux achetés sont réunis dans l'ordre où ils ont été reçus ; leur identité est reconnue et ils sont marqués avec les ciseaux d'un numéro de série sur le côté gauche de l'encolure. Ils sont payés dans les conditions indiquées au titre VII du présent règlement.

Après l'achat de chaque cheval, l'officier remplissant les fonctions de secrétaire, joint à la quittance d'achat dont il est question au titre VII un état signalétique (modèle n° 6) des animaux achetés pendant la séance et ces pièces sont envoyées sans délai par la poste au chef-lieu du dépôt.

Cet état signalétique n'est envoyé que lorsque le comité qui a fait l'achat appartient à une annexe ou succursale de dépôt. Il doit servir au marquage définitif des chevaux.

Restitution des chevaux atteints de vices rédhibitoires.

Art. 22. Lorsque le commandant d'un dépôt ou d'une annexe reconnaît qu'un cheval acheté par l'établissement est atteint d'un vice rédhibitoire, il en donne avis dans les 24 heures au sous-intendant militaire chargé de la surveillance administrative du dépôt ou de la succursale, lequel présente au juge de paix du lieu où se trouve le cheval et dans les délais fixés par l'article 5 de la loi du 2 août 1884 (modifiée par la loi du 31 juillet 1895), une requête par écrit (modèle n° 4), tendant à faire nommer un ou trois experts, selon l'exigence des cas, qui devront opérer dans le plus bref délai.

La demande judiciaire a pour effet d'obtenir :

1° La restitution du prix de vente et des dommages-intérêts évalués à raison de tant pour la nourriture;

2° Les frais de l'entretien du harnachement et du ferrage, les frais de médicaments, etc.;

3° L'autorisation de faire procéder par les soins de l'administration des domaines, à la vente du cheval, pour le cas où le vendeur n'en ferait pas la reprise dans le délai fixé par le jugement. Le jugement qui intervient est signifié dans le plus bref délai possible à la partie condamnée.

La reprise du cheval par le vendeur est l'objet d'un procès-verbal (modèle n° 5) à l'appui duquel est annexé le récépissé constatant le versement au Trésor du prix de la vente en principal et dépenses accessoires.

Lorsque la reprise du cheval n'a pas été faite dans le délai fixé par le jugement, ce jugement, après vente du cheval par les soins de l'administration des domaines, est transmis, avec toutes les pièces de l'instance, au Ministre de la guerre, qui l'adresse à l'agent judiciaire du Trésor, chargé d'opérer le recouvrement du montant des condamnations prononcées, sauf réintégration au crédit de la remonte générale, des sommes qui seraient recouvrées avant la clôture financière de l'exercice.

Art. 23. Lorsque des chevaux de remonte, après avoir été envoyés directement des lieux d'achat dans un corps de troupe ou un établissement de remonte, viennent à être reconnus atteints de vices rédhibitoires, ils sont ramenés aux frais de l'État au dépôt acheteur où se fera la reprise de l'animal par le vendeur conformément à la loi en vigueur.

Cette disposition n'est applicable qu'aux seuls animaux envoyés hors du territoire exploré par le dépôt de remonte acheteur.

Mesures à prendre par les corps ou établissements réceptionnaires.

Art. 24. Dès qu'un cheval acheté et livré dans les conditions ci-dessus indiquées est, dans les délais légaux, reconnu atteint d'un des vices rédhibitoires prévus par la loi du 2 août 1884, le chef de corps ou le commandant de l'établissement de remonte provoque, conformément à l'article 5 de ladite loi, la nomination d'experts chargés de dresser procès-verbal et il en avise immédiatement le dépôt acheteur qui, de son côté, prévient sans retard le vendeur.

Les frais d'expertise et de justice sont à la charge du vendeur.

Registre d'achat.

Art. 25. Il est tenu dans chaque dépôt ou succursale un registre d'achat qui reste à la portion centrale (modèle n° 7).

Ce registre est mis à jour après chaque séance d'achat faite à l'établissement et aussitôt après la réception des pièces du comité lorsqu'il est en tournée. Dans tous les cas, chaque officier acheteur a, par devers lui, un carnet de poche (modèle n° 8), d'un format permettant d'être emporté en route.

Le carnet de poche sert, lorsque le comité est en tournée, à l'établissement de la quittance et de l'état signalétique (1). Il est arrêté chaque jour par le président du comité.

Le registre d'achat et les carnets particuliers sont soumis à l'examen de l'inspecteur général, pour le mettre à même de juger du degré d'aptitude des officiers au service des remontes. Ces registres et carnets sont conservés dans les archives des dépôts de remonte.

Inscription des chevaux d'achat.

Art. 26. Tout cheval acheté au dépôt est immédiatement inscrit :

1° Sur le registre matricule qui ne doit présenter qu'une seule et même série de numéros continuée indéfiniment et renouvelée quand les commandants de dépôt le jugent utile, sous la condition, toutefois, de ne pas dépasser quatre chiffres (modèle n° 9) ;

2° Sur le contrôle annuel ;

3° Sur le bordereau des pièces et quittances justificatives ;

4° Sur le procès-verbal de réception des chevaux (modèle n° 10). Ce procès-verbal est dressé par le sous-intendant militaire chargé de la surveillance administrative du dépôt et comprend toutes les réceptions de chevaux achetés pendant une période de 30 jours ; il est ouvert le premier de chaque mois.

Tout cheval acheté à l'extérieur est inscrit sur les mêmes registres aussitôt après réception de la quittance d'achat envoyée par le comité de la portion centrale ou par celui des succursales.

Marquage des chevaux.

Art. 27. Tout cheval acheté au dépôt est marqué immédiatement au fer rouge, sur la partie antérieure du sabot hors montoir d'une empreinte de 15 millimètres de hauteur indiquant son numéro matricule.

Tout cheval acheté en tournée est marqué de même, à son arrivée au dépôt.

Les numéros matricules des chevaux achetés par les comités des succursales sont inscrits par l'officier comptable du dépôt sur l'état signalétique (n° 6) fourni par ces comités ; cet état leur est retourné et les chevaux sont marqués à l'arrivée à la succursale.

---

(1) Modèle n° 6.

Classement des chevaux. — Changement d'arme.

Art. 28. S'il arrive qu'un cheval acheté pour la troupe est jugé susceptible de passer cheval de tête, et réciproquement, le commandant du dépôt en donne avis au sous-intendant militaire qui constate le changement de classement par un procès-verbal (modèle n° 11).

Le changement de classement des chevaux de tête et de troupe passant étalons est prononcé par le général inspecteur général permanent des remontes.

Modes d'opération d'achat des reproducteurs.

Art. 28 *bis*. Les opérations d'achat des reproducteurs sont effectuées comme il est dit à la 2e partie du présent règlement (Service des Haras. Titre IX, article 93).

TITRE III.

MISE EN ROUTE ET CONDUITE DES CHEVAUX DE REMONTE DES LIEUX D'ACHAT DANS LES ÉTABLISSEMENTS. — NOURRITURE DES CHEVAUX EN ROUTE.

Mise en route et conduite des chevaux des lieux d'achat dans les établissements.

Art. 29. Les chevaux achetés par les comités de remonte en tournée sont mis en route le jour même ou le lendemain des achats, à moins qu'il ne soit plus avantageux de les laisser sur place, pendant plusieurs jours, pour attendre l'arrivée d'autres chevaux achetés sur des points voisins et former ainsi un convoi.

Ils sont, en principe, dirigés sur les dépôts ou succursales, où ils sont conservés jusqu'à l'expiration des délais légaux des vices rédhibitoires. Toutefois, les chevaux destinés aux corps de troupe sont envoyés directement à ces corps toutes les fois qu'il doit en résulter une économie pour le Trésor. Toute latitude à cet égard est laissée aux présidents des comités d'achat.

Ils sont conduits par les sous-officiers, brigadiers et cavaliers de remonte que les comités ont emmenés avec eux, ou qui ont été envoyés à cet effet, au lieu d'achat, d'après l'ordre du commandant du dépôt ou de la succursale. Toutefois, en cas d'insuffisance, les présidents des comités sont autorisés à réquisitionner des indigènes ou à demander directement et télégraphiquement au corps ou détachement de troupe à cheval (cavalerie, artillerie ou train) le plus voisin du lieu d'achat, le nombre de gradés et de cavaliers nécessaires à la conduite des chevaux achetés, aux régiments ou aux établissements de remonte.

La faculté d'employer l'un de ces modes d'opérer est laissée au président du comité qui devra, pour fixer son choix, tenir compte des nécessités du service et principalement de la rapidité d'exécution qui sera la véritable économie du système.

Les cavaliers et gradés demandés au corps ou détachement devront être fournis immédiatement; ils seront en petite tenue, sans arme et en manteau et seront munis d'effets de pansage.

L'indemnité journalière pour conduite de chevaux de remonte leur sera payée par leur corps d'après les tarifs prévus au règlement des frais de route pour les militaires de la remonte.

Les chevaux de remonte sont dirigés du lieu d'achat sur les dépôts, succursales, annexes ou corps de troupe, soit par étapes, soit par chemin de fer, selon la longueur du trajet à parcourir, l'état des chemins et de la température. Les présidents de comité choisiront le plus avantageux de ces deux modes ou les combineront ensemble en s'inspirant des considérations économiques qu'ils ne doivent pas perdre de vue et des nécessités imposées par les circonstances.

Lorsque les transports devront s'effectuer par les voies ferrées on se conformera, pour l'établissement des pièces, à l'ordre de mouvement (modèle n° 12) et à l'avis de transport (modèle n° 13).

Nourriture des chevaux en route.

Art. 30. En route, les chevaux sont nourris au moyen de la ration réglementaire perçue sur bons réguliers, dans les magasins administratifs ou chez les entrepreneurs et leurs représentants.

Dans les gîtes d'étapes où il n'existe pas de fournisseurs, les denrées nécessaires y sont envoyées par les soins de l'autorité militaire (voir art. 35).

TITRE IV.

LIVRAISON AUX CORPS. — MODE DE CONDUITE ET DE NOURRITURE.

Livraison aux corps.

Art. 31. Chaque dépôt de remonte de l'Algérie et de la Tunisie doit, en principe, assurer la fourniture des chevaux et mulets nécessaires aux troupes stationnées dans sa division militaire.

Cependant lorsque les ressources chevalines ou mulassières d'une division militaire ne suffisent pas aux besoins de ses troupes, le colonel directeur des établissements hippiques y fait pourvoir par le dépôt d'une division voisine. Il rend compte au Ministre (bureau des remontes) des modifications que cette mesure est susceptible d'apporter dans la sous-répartition par dépôt de la commande ministérielle en chevaux.

Les contingents à fournir à chaque régiment, ainsi qu'à chaque batterie d'artillerie et compagnie du génie et du train des équipages militaires détachée en Algérie, sont fixés annuellement par le

Ministre. Ils sont livrés par les dépôts de remonte ou leurs succursales, par fractions de 10 à 20 animaux, autant que possible, pendant toute l'année et au fur et à mesure des achats, afin d'éviter l'agglomération dans ces établissements. Lorsque les livraisons sont faites avant l'expiration des délais de garantie pour vices rédhibitoires, le droit de recours passe aux corps réceptionnaires (voir art. 22, 23 et 24).

Il est indispensable que les lots de chevaux de chaque régiment soient du même type et de la même provenance que ceux envoyés les années précédentes, car il importe de conserver ou de constituer à chaque régiment une remonte aussi homogène que possible.

A moins de maladie ou d'empêchement et sauf pendant les grands froids, les animaux destinés aux corps ne doivent pas rester dans les dépôts plus de 20 jours au maximum.

Les livraisons contre remboursement, autorisées par M. le général commandant le 19e corps d'armée aux compagnies de gendarmerie qui en font la demande, s'opèrent d'après les mêmes règles que les livraisons à titre gratuit.

Mode de conduite.

Art. 32. Dès qu'un corps de troupe reçoit directement d'un dépôt de remonte l'avis qu'un envoi de chevaux à lui destiné est disponible, il doit envoyer sans retard à ce dépôt ou à l'annexe, selon le cas, le détachement chargé d'en prendre livraison avec les effets de harnachement nécessaires. Il indique préalablement au commandant de dépôt la date d'arrivée de son détachement. Le transport s'effectue par les voies ferrées pour les distances supérieures à 60 kilomètres surtout si l'état de la température est menaçant pour la santé des chevaux. L'établissement d'un ordre de mouvement pour chaque envoi de détachement n'est pas nécessaire (1).

La conduite d'un convoi d'animaux doit, en principe, incomber au corps auquel il est destiné ; ce corps fournira le cadre ainsi que les hommes nécessaires et ce n'est qu'en cas de nécessité absolue et à titre exceptionnel que les cavaliers des dépôts pourront être employés pour la livraison des chevaux aux corps de troupe.

Départ des chevaux.

Art. 33. La veille du départ le commandant du dépôt ou de la succursale établit :

1° Un état signalétique (modèle n° 14) rappelant la date de l'ordre de l'autorité militaire qui a prescrit la livraison des animaux,

---

(1) Ces dispositions abrogent celles de la note ministérielle du 17 mars 1896. (B. O. P. R.)

la composition et l'itinéraire du détachement qu'il remet au chef de ce détachement en lui livrant les chevaux.

Cet état est adressé au Ministre (Bureau des remontes) directement, sans lettre d'envoi, le jour même du départ des chevaux.

2° Bordereau de renseignement (modèle n° 14 *bis*, tenant lieu de feuille de route);

3° Facture rose de livraison (modèle annexé au règlement sur la comptabilité-matières), revêtu d'un certificat de prise en charge par le corps réceptionnaire (pour les dépôts livranciers);

4° Facture blanche pour le corps destinataire (modèle annexé au règlement sur la comptabilité-matières). On mentionne sur les factures le numéro matricule des animaux.

Les livrets d'infirmerie sont joints aux pièces ci-dessus.

Le chef de détachement signe le bordereau après avoir constaté l'état de la ferrure et de santé des animaux.

Lorsque le convoi doit voyager par étapes, les chevaux sont ferrés des quatre pieds ; en chemin de fer, les chevaux restent déferrés et une ferrure complète par animal est remise au chef de détachement.

Responsabilité de la conduite du détachement.

Art. 34. Le détachement une fois parti, celui qui le commande en devient responsable, ainsi que du maintien de l'ordre et de la discipline parmi les conducteurs.

Tout corps de troupe ou établissement qui reçoit un convoi d'un dépôt de remonte constate par un récépissé l'état de santé des animaux au moment de leur arrivée. Ce récépissé sera établi par le vétérinaire chef de service et soumis au visa du chef de corps. Il sera adressé sans aucun délai au commandant du dépôt livrancier.

Cette pièce permet au commandant de dépôt de se rendre compte de la façon dont les animaux ont été conduits et soignés pendant le trajet, et, en cas d'abus, de s'adresser à l'autorité supérieure pour sauvegarder sa responsabilité.

Mode de nourriture en route.

Art. 35. Le sous-intendant militaire chargé de la surveillance administrative de l'établissement livrancier, averti qu'un convoi de chevaux est dirigé sur un corps, assurera sa subsistance pendant sa route.

TITRE V.

SERVICE INTÉRIEUR DANS LES ÉTABLISSEMENTS HIPPIQUES.

Art. 36. Le service intérieur dans les dépôts de remonte, succursales et annexes est assuré par les cavaliers de compagnies de remonte.

A l'exception du commandant du dépôt, du capitaine-commandant la compagnie de cavaliers de remonte et des comptables, tous les officiers attachés au dépôt à quelque titre que ce soit, et quelque soit leur grade, contribuent au service de semaine, d'après un ordre de service fixé et arrêté par le directeur des établissements hippiques.

En cas d'absence ou d'empêchement de l'officier de semaine, le vétérinaire pourra être désigné par le commandant du dépôt de remonte pour procéder à la vérification et à la réception des distributions de fourrages.

Dispositions hygiéniques à prendre pendant le séjour des chevaux dans les dépôts de remonte acheteurs.

Art. 37. L'hygiène devra tenir la première place dans le fonctionnement intérieur des dépôts de remonte acheteurs.

Dès leur arrivée dans les dépôts, les chevaux seront soumis à une visite sanitaire, laquelle aura pour but la séparation immédiate des chevaux sains de ceux qui présenteraient les moindres symptômes d'indisposition. Ces derniers seront isolés dans des écuries séparées.

Les abreuvoirs seront tenus dans le plus grand état de propreté, vidés et lavés après chaque abreuvoir. On les désinfectera fréquemment par des lavages avec de l'eau fortement acidulée par l'acide sulfurique, surtout aux époques où la gourme sévit avec intensité. En été, ils devront être préservés de la poussière.

La propreté des écuries sera soumise à la plus grande surveillance. Les chevaux, lorsque la température le permettra, devront être sortis pendant les corvées et les pansages. Les écuries seront désinfectées fréquemment.

Les cavaliers devront toujours panser les mêmes chevaux et les effets de pansage seront affectés au cheval et non à l'homme. Ils devront être désinfectés toutes les fois qu'ils changeront d'affectation.

Dès l'arrivéë au dépôt, les chevaux devront être débarrassés des ferrures reconnues défectueuses. Les maréchaux devront procéder au ferrage avec tact, patience et douceur.

Abatage, mort par maladie ou accident.

Art. 38. L'abatage d'un cheval de remonte s'opère, dans les dépôts de remonte, dans les mêmes conditions que dans les corps de troupes à cheval; il est constaté par un procès-verbal du modèle ordinaire.

En cas de mort par suite de maladie ou accident, les dépôts de remonte opèrent comme les corps de troupes à cheval; la mort est constatée par un procès-verbal du modèle ordinaire.

TITRE VI.

ADMINISTRATION ET COMPTABILITÉ DES DÉPÔTS DE REMONTE ET D'ÉTALONS. — SOLDE ET INDEMNITÉS. — MASSES. — HARNACHEMENT. — FERRAGE.

Les dépôts sont considérés comme établissements régis par économie.

Art. 39. Les dépôts de remonte et d'étalons sont considérés comme établissements régis par économie.

On se conforme pour la tenue des registres, l'établissement et la vérification de la comptabilité, aux dispositions réglementaires relatives à la comptabilité des dépenses publiques, en ce qu'elles ont d'applicable au service de la remonte générale.

Ils sont soumis aux règles générales sur la comptabilité des matières.

Gestion comptable des dépôts de remonte.

Art. 40. L'administration des dépôts de remonte embrasse la gestion des fonds affectés par le budget aux dépenses du service de la remonte générale.

Ces dépenses sont divisées en deux services distincts : le service de la remonte et le service des étalons.

Le service de la remonte comprend :

1° Achats d'animaux de remonte ;
2° Frais de conduite aux indigènes requis ;
3° Frais accessoires (affiches, publicité, frais d'attache, transport des moyens d'attache, etc.) ;

Le service des reproducteurs comprend :

1° Frais de conduite aux indigènes requis ;
2° Frais de ferrure, d'achat et d'entretien du harnachement des reproducteurs ; médicaments pour reproducteurs ; éclairage des écuries des reproducteurs.
3° Achat d'huile douce préventive contre la daourine ;
4° Achat des registres, cahiers et menues fournitures nécessaires à la tenue de la comptabilité des stations de monte, frais d'affiches, de publicité, etc.) ;
5° Indemnités aux sous-officiers, brigadiers et cavaliers employés au service spécial des reproducteurs (gardes-étalons).
6° Gratifications annuelles aux gardes-étalons ;

Fonctions administratives des commandants de dépôts.

Art. 41. L'administration des dépôts est confiée aux commandants de dépôts.

Les commandants de dépôts signent toutes les demandes de fonds et ordonnent toutes les dépenses de détail que comportent les besoins du service, sous l'approbation des fonctionnaires de l'intendance militaire.

Ils envoient les fonds nécessaires aux succursales de leur dépôt dont ils centralisent toute la comptabilité.

Recettes particulières interdites aux commandants de dépôts.

Art. 42. Les commandants de dépôts de remonte ne peuvent recevoir d'autres fonds que ceux qui sont mis à leur disposition sur mandats des intendants et sous-intendants militaires ou sur ordonnance du Ministre.

Il n'est fait d'exception à cette règle que pour le produit de la vente des fumiers et des dépouilles de chevaux morts ou abattus, dont le montant est porté en recette à la masse d'entretien du harnachement et ferrage.

Dépôts de fonds dans une caisse.

Art. 43. Les fonds mis à la disposition des établissements de la remonte, à quelque titre que ce soit, sont déposés chez les commandants de dépôt et d'annexe, dans une caisse placée dans le logement de l'officier commandant ou dans son bureau s'il lui en est régulièrement affecté, ou dans le casernement. La surveillance est dans ce cas assurée par un gardien de caisse qui couche dans le local où les fonds sont déposés et dont il a seul la clef.

Forme à suivre pour constater un événement de force majeure. — Si, nonobstant les précautions prises et la surveillance exercée, il survenait quelque accident tel que bris, vol de caisse, incendie ou autre cas de force majeure, le sous-intendant militaire ou son suppléant, serait immédiatement invité à constater l'événement et à en rechercher les causes. Dans ce cas, ce fonctionnaire dresse un procès-verbal, dont une expédition est transmise, dans les vingt-quatre heures au Ministre de la guerre par voie hiérarchique.

Solde et accessoires de solde.

Art. 44. Les officiers et vétérinaires de tous grades, employés dans le service des remontes, jouissent de la solde de leur grade telle qu'elle est déterminée par les règlements en vigueur.

Indemnités pour frais de bureau.

Art. 45. Il est alloué au directeur des établissements hippiques une indemnité pour frais de service et aux commandants de dépôt, de succursale ou d'annexe une indemnité pour frais de bureau. Ces indemnités, dont le taux est fixé par les tarifs de solde, sont payées sur les fonds de la solde.

Au moyen de cette indemnité, ils supportent toutes les dépenses d'achats de registres, imprimés et fournitures diverses nécessaires pour le service de la direction des établissements hippiques et celui du dépôt, de la succursale ou de l'annexe.

Indemnités de déplacement au personnel.

Art. 46. Les indemnités auxquelles ont droit le directeur des établissements hippiques, les commandants de dépôt, les officiers et les vétérinaires employés dans le service des remontes, à l'occasion de leurs déplacements hors de leur résidence habituelle pour le service de la remonte, sont fixées par le règlement sur le service des frais de route.

L'indemnité kilométrique ne leur est pas allouée quand ils voyagent à cheval ou dans le break-omnibus du dépôt de remonte appartenant à l'Etat.

Les déplacements effectués par les mêmes officiers pour le service des étalons, des concours de primes et des commissions hippiques donnent droit aux mêmes indemnités.

Les indemnités de route auxquelles ont droit les sous-officiers, brigadiers et cavaliers accompagnant les comités dans leurs tournées d'achat, ou conduisant des étalons et animaux de remonte, sont déterminées par le règlement sur le service des frais de route.

Dans chaque dépôt, succursale ou annexe il existe un certain nombre d'animaux dits « de service. » Ce nombre est fixé par le ministre. Les animaux de service sont nourris au moyen des économies de rations faites sur l'ensemble des animaux de chaque établissement dans la proportion de un pour cinquante de l'effectif moyen.

Ces animaux sont attelés au break des dépôts et succursales.

Indemnités aux sous-officiers, brigadiers et cavaliers employés au service spécial des reproducteurs

Art. 47. Les sous-officiers, brigadiers et cavaliers employés au service spécial des reproducteurs, reçoivent sur les fonds de la remonte générale (service des reproducteurs) une indemnité journalière fixée ainsi qu'il suit :

	AU DÉPÔT.	EN STATION DE MONTE.
	Fr. c.	Fr. c.
Adjudant	0 40	0 60
Sous-officiers	0 25	0 45
Brigadiers	0 20	0 40
Cavaliers	0 15	0 30
Brigadiers rengagés ou commissionnés	0 45	0 65
Cavaliers rengagés	0 40	0 55

Ces indemnités sont allouées savoir :

A LA PORTION CENTRALE.	DANS LES SUCCURSALES.	EN STATION.
A l'adjudant. A 5 sous-officiers. A 8 brigadiers. A 1 cavalier pour 2 reproducteurs de l'effectif des présents et à 7 cavaliers supplémentaires.	Aux sous-officiers. A 2 brigadiers. A 1 cavalier pour 2 reproducteurs de l'effectif des présents et à 1 cavalier supplémentaire.	A tous les sous-officiers et à tous les brigadiers et cavaliers qui y sont détachés.

Les gradés et cavaliers punis de consigne, de salle de police ou de prison ne reçoivent pas cette indemnité pendant la durée de leur punition.

Gratifications annuelles aux gardes-étalons.

Art. 48. Des gratifications annuelles, dont le montant total est fixé à 300 francs par dépôt de remonte, sont distribuées aux sous-officiers, brigadiers et cavaliers gardes-étalons, désignés par le commandant du dépôt, qui se sont fait plus particulièrement remarquer par les soins assidus qu'ils ont donnés aux reproducteurs qui leur sont confiés ou aux étalons difficiles.

Indemnités aux indigènes requis.

Art. 49. Les indigènes requis pour la conduite des animaux de remonte ou des reproducteurs, des lieux d'achat au dépôt ou aux succursales, du dépôt aux succursales, et inversement du dépôt ou des succursales aux stations de monte et *vice versa*, reçoivent sur le service de la remonte générale (service de la remonte ou service des reproducteurs) suivant le cas une indemnité journalière de 2 francs pour chaque journée d'aller, de séjour et de retour et payable sur émargement à l'état (modèle n° 17).

Indemnité aux cochers des breaks-omnibus.

Art. 50. Les cavaliers employés comme cochers des breaks-omnibus reçoivent sur le service de l'indemnité de route les indemnités prévues au règlement sur les frais de route pour les militaires accompagnant les comités dans leurs tournées d'achat ou d'exploration.

Justification des dépenses d'indemnités allouées aux sous-officiers, brigadiers et cavaliers employés au service spécial des reproducteurs.

Art. 51. Les indemnités allouées aux sous-officiers, brigadiers et cavaliers, employés au service spécial des reproducteurs, leur sont payées le 1er et le 16 de chaque mois, à terme échu, sur états émargés par eux (mod. n° 18).

Les états émargés de la portion centrale et des succursales sont récapitulés le 1er et le 16 de chaque mois dans des bordereaux (mod. n° 19), certifiés par le commandant du dépôt et visés par le sous-intendant militaire.

Les gratifications annuelles sont récapitulées de même mais annuellement.

Justification des dépenses pour frais accessoires (affiches, publicité, frais d'attache, de transport, de moyen d'attache).

Art. 52. Les frais accessoires, imputables au service de la remonte, sont justifiés trimestriellement au moyen de pièces de dépenses, factures, mémoires, quittances, dûment acquittées et timbrées, s'il y a lieu.

Ces pièces sont inscrites au jour le jour au registre-journal des recettes et des dépenses.

Dépenses pour frais de ferrure, d'achat et d'entretien du harnachement des étalons, pour médicaments des étalons, frais accessoires, fournitures de registres et cahiers pour les stations de monte, achat d'huile douce, préventive contre la daourine et des dépenses accessoires imputables au service des étalons.

Art. 53. Les dépenses, pour frais de ferrure, d'achat et d'entretien du harnachement des étalons, et les achats d'huile douce, préventive contre la daourine, sont acquittés trimestriellement.

Les autres dépenses accessoires sont acquittées au jour le jour et inscrites au registre-journal des recettes et dépenses.

Les pièces de dépenses dûment acquittées et timbrées, s'il y a lieu, sont certifiées par le commandant du dépôt et visées par le sous-intendant militaire.

Masse d'entretien du harnachement et ferrage.

Art. 54. La masse d'entretien du harnachement et ferrage est fixée, à titre d'abonnement, à raison de 0 fr. 04931 par animal de remonte et par jour.

Elle s'accroît du produit de la vente des fumiers et de la vente des dépouilles des animaux morts ou abattus ainsi que des secours accordés par le Ministre.

La masse d'entretien du harnachement et ferrage pourvoit aux diverses dépenses applicables aux dépôts de remonte, énumérées à l'annexe III du décret du 14 janvier 1889.

Outre ces dépenses, divers frais d'achat et d'entretien du matériel peuvent également être imputées à la masse d'entretien du harnachement et ferrage sous réserve de l'autorisation spéciale du Ministre (paddocks, matériel agricole, voitures-fourragères, breaks-omnibus et leurs harnais; achats de toises métriques, cannes hippométriques, de volumes, abonnement aux journaux et publications hippiques, etc.).

Les commandants de dépôt doivent, autant que le permet le service spécial de la remonte, se conformer à ce qui est prescrit pour l'administration de la masse d'entretien de harnachement et ferrage dans les corps de troupe.

Harnachement des animaux de remonte. — Première mise d'effets de harnachement et de campement.

Art. 55. Il est délivré gratuitement par les magasins de l'État une première mise d'effets de harnachement et de campement suivant les besoins constatés de chaque dépôt et de ses succursales.

Remplacement des effets de harnachement et de campement.

Art. 56. Les effets de harnachement et de campement réformés ou mis hors de service par un cas de force majeure dûment constaté, sont remplacés au compte de la masse du harnachement et ferrage au moyen d'achats dans le commerce ou confectionnés par le premier ouvrier sellier de l'établissement au mieux des intérêts de l'Etat, en conformité des ordres du Ministre.

Entretien des effets de harnachement.

Art. 57. Les effets de harnachement sont entretenus, par voie d'abonnement, par le premier ouvrier sellier de l'établissement, au taux de 5 fr. 50 par animal de remonte et par an en Algérie et de 6 francs par animal de remonte et par an en Tunisie.

Harnachement des étalons. — Fourniture, remplacement et entretien des effets de harnachement des étalons.

Art. 58. Les effets de harnachement des étalons sont fournis par les magasins de l'Etat, achetés dans le commerce, ou confectionnés par le premier ouvrier sellier de l'établissement au compte de l'Etat. (Remonte générale, service des étalons.)

Ils sont entretenus par voie d'abonnement, par le premier ouvrier sellier de l'établissement au taux de 11 fr. 45 par harnachement et par an en Algérie et de 12 francs en Tunisie. (Remonte générale, service des étalons.) Cette dépense est justifiée au moyen de l'état n° 20).

Ferrure des animaux de remonte.

Art. 59. La ferrure des animaux de remonte est imputée au compte de la masse d'entretien de harnachement et ferrage.

Ces animaux étant le plus souvent déferrés, la ferrure est payée au pied, lorsqu'ils doivent être ferrés pendant leur séjour à l'établissement par mesure sanitaire ou pour cause d'usure des pieds, et au moment de leur livraison.

Ce paiement est effectué d'après le taux des marchés passés avec les maréchaux abonnataires.

Ferrure des reproducteurs.

Art. 60. La ferrure des reproducteurs est imputée au service de la remonte générale (service des étalons) par voie d'abonnement au taux des marchés passés avec les maréchaux abonnataires. Cette dépense est justifiée au moyen de l'état (n° 20).

Ferrure des chevaux de remonte employés comme étalons auxiliaires pendant la saison de la monte.

Art. 61. Pendant la saison de la monte seulement, la ferrure des chevaux de remonte employés comme étalons auxiliaires, sous la dénomination d'élève étalon, est payée par la masse d'entretien du harnachement et ferrage par voie d'abonnement au taux des marchés passés avec les maréchaux abonnataires.

Ferrure des chevaux des officiers employés dans le service des remontes.

Art. 62. La ferrure des chevaux des officiers employés dans le service des remontes est payée par la masse d'entretien du harnachement et ferrage au taux des marchés passés avec les maréchaux abonnataires.

Des fourrages. — Service des fourrages dans les dépôts.

Art. 63. Il est pourvu au service des fourrages dans les dépôts de remonte, comme pour tous les corps de troupes à cheval.

Les commandants de dépôts et d'annexes établissent des bons réguliers d'après l'effectif des chevaux présents au jour de la distribution.

Ces bons sont acquittés par les agents comptables du service des fourrages ou par les entrepreneurs ou leurs préposés; ils expriment, par nature de denrées, les quantités à distribuer et les substitutions que, sans autorisation préalable, le commandant du dépôt a la faculté de prescrire en se conformant toutefois, pour ces substitutions, aux fixations des règlements actuellement en vigueur.

La composition de la ration pour les étalons est indiquée ci-après, à l'article 92 du présent règlement.

Mode de paiement de la masse du harnachement et ferrage.

Art. 64. Le montant de la masse d'entretien du harnachement et ferrage est acquitté intégralement à la fin de chaque trimestre pour le nombre de journées de présence constaté par la revue de liquidation.

Dépenses diverses non supportées par cette masse.

Art. 65. Dans les cas d'urgence, les dépenses pour l'entretien et le renouvellement du matériel du dépôt, autres que celles qui sont supportées par la masse d'entretien du harnachement et ferrage, ainsi que les dépenses extraordinaires non prévues, peuvent être effectuées sur l'autorisation du sous-intendant militaire qui doit en rendre compte immédiatement à l'intendant de la division.

Lorsque cette dépense excède la somme de 100 francs, elle est soumise, au préalable, à l'approbation de l'intendant, qui juge selon son degré d'importance s'il doit l'autoriser ou en référer au Ministre.

Inscription des paiements au registre-journal des recettes et dépenses.

Art. 66. Les paiements effectués au dépôt sont inscrits immédiatement au registre-journal des recettes et dépenses (modèle nº 21); ceux qui sont effectués par les succursales sont inscrits dès la réception des pièces à l'appui.

Justification des dépenses à la charge de la masse d'entretien du harnachement et ferrage.

Art. 67. Les dépenses supportées par la masse d'entretien du harnachement et ferrage sont justifiées, d'après les règlements en usage, dans les corps de troupe de cavalerie.

Les recettes, provenant du produit de la vente des fumiers et des dépouilles des animaux morts ou abattus, sont récapitulées sur un état mensuel, certifié par le commandant du dépôt et l'adjudicataire, et visé par le sous-intendant militaire.

Le montant de ces états est porté en recettes à la masse d'entretien du harnachement et ferrage.

TITRE VII.

MODES DE PAIEMENT DES DÉPENSES DU SERVICE DE LA REMONTE.

Montant des avances.

Art. 68. Les dépenses des dépôts de remonte et d'étalons de l'Algérie et de la Tunisie, ainsi que des jumenteries, sont acquittées au moyen de mandats d'avance délivrés par les sous-intendants militaires chargés de la surveillance administrative de ces établissements.

Art. 69. Les avances, dont les mandats émis au nom des commandants des établissements sont distincts suivant qu'il s'agit du service de la remonte proprement dite, ou du service des reproducteurs, s'élèvent au maximum, savoir :

1º En ce qui concerne les achats de chevaux et les dépenses accessoires occasionnées par ces achats :

A 50.000 francs pour les dépôts de remonte de Blidah et de Constantine;

A 100.000 francs pour celui de Mostaganem.

A 35.000 francs pour celui de Tunis.

2º En ce qui concerne les dépenses d'entretien des reproducteurs, à 35.000 francs pour tous les établissements.

Art. 70. Les sommes indiquées à l'article précédent peuvent

être divisées selon les besoins en plusieurs avances. Il peut d'ailleurs être fait de nouvelles avances avant l'entière justification des précédentes, sous la condition que les sommes dont l'emploi reste à justifier, réunies au montant des nouvelles avances n'excèdent pas les limites fixées par le règlement. Le complément des justifications doit d'ailleurs être produit avant la fin de l'exercice. Les fonds sans emploi sont à cette époque reversés au Trésor avant le 31 décembre de chaque année.

Renouvellement des avances.

Art. 71. Lorsqu'il a été fait emploi de la totalité ou d'une partie de la première avance, le commandant de l'établissement adresse au sous-intendant militaire chargé de la surveillance administrative, un bordereau de pièces et quittances (modèle n° 37 du règlement du 3 avril 1869) auquel il joint les factures acquittées (modèle n° 15) et demande la délivrance d'un nouveau mandat d'avance. Le bordereau (modèle n° 37) original est conservé par le payeur, il en est établi deux expéditions visées par le payeur, destinées, l'une au dépôt de remonte, l'autre à la liquidation de la dépense.

Livrets.

Art. 72. Tout paiement fait par une caisse du Trésor au commandant d'un dépôt de remonte pour le compte de la remonte générale est inscrit par le payeur au compte des avances de fonds. (mod. n° 36 annexé au règlement du 3 avril 1869) coté et paraphé par le sous-intendant militaire.

Tout paiement fait par une caisse du Trésor au commandant d'un dépôt de remonte pour le compte de la masse d'entretien du harnachement et ferrage est inscrit par le payeur au livret de solde établi à cet effet, coté et paraphé par le sous-intendant militaire.

Renouvellement des livrets.

Art. 73. Le compte des avances de fonds et le livret de solde de la masse d'entretien du harnachement et ferrage restent constamment entre les mains du commandant du dépôt ; ils sont renouvelés tous les ans et servent à la vérification des recettes en deniers faites au compte du dépôt.

Mandats sur les payeurs de l'Algérie.

Art. 74. Dans le but de faciliter les opérations d'achat et de diminuer les chances de pertes et la responsabilité des officiers présidents des comités d'achat, les commandants de dépôts peuvent réclamer des payeurs, par l'intermédiaire des fonctionnaires de l'intendance militaire, et suivant les besoins du service, des mandats de 100 francs et au-dessus, à leur ordre payables à la caisse des payeurs ou, au besoin, à celle des receveurs des contributions diverses de la circonscription dans laquelle opère le comité d'achat. Ces mandats portent d'une manière très apparente la mention qu'ils ne sont pas négociables.

Les mandats dont l'emploi n'a pas été fait sont repris et leur montant est remboursé par le payeur qui les a délivrés.

Les officiers à l'ordre desquels ils sont établis peuvent aussi les échanger chez le payeur sur la caisse duquel ils sont assignés contre d'autres mandats sur les caisses que ces officiers désignent à ces fonctionnaires.

Envoi de fonds aux succursales.

Art. 75. Les envois de fonds aux succursales sont effectués au moyen de mandats de trésorerie.

A cet effet, les commandants des succursales sont pourvus d'un livret de solde où le paiement du mandat est inscrit par le payeur. Ils le portent en recettes de son montant sur leur registre-journal.

Envoi de fonds aux présidents de comité d'achat.

Art. 76. Lorsqu'il est nécessaire d'envoyer des fonds à l'officier président d'un comité d'achat, en tournée, le commandant du dépôt les lui adresse au moyen d'un mandat de trésorerie.

A cet effet, les officiers présidents des comités d'achat sont pourvus d'un livret de solde où le paiement du mandat est inscrit par le payeur.

Ils en deviennent responsables et en adressent immédiatement un récépissé au commandant du dépôt.

Justification des sommes remises aux officiers présidents des comités d'achat.

Art. 77. Les commandants de dépôt remettent aux officiers présidents des comités d'achat, partant en tournées, les sommes qui leur paraissent être nécessaires pour les achats à effectuer.

Chaque président en devient responsable et en fournit, au commandant de dépôt, un récépissé qui reste déposé dans la caisse comme valeur représentative ; il lui est rendu lorsqu'il a justifié, par pièces régulières, de l'emploi des fonds qui lui ont été confiés.

Modes d'emploi des mandats d'avances.

Art. 78. — Le président du comité d'achat est muni de factures à talon (modèle n° 15) portant quittance et prise en charge. En Algérie, les factures sont revêtues à l'avance d'un timbre de dimension, et elles reçoivent en outre un timbre de quittance apposé par les vendeurs eux-mêmes au moment du paiement qui leur est fait. Au moment même de l'achat, le président du comité fait signer par le vendeur une de ces factures et lui en remet le montant, déduction faite du prix des timbres. Lorsque le vendeur ne sait ou ne peut signer, sa signature est remplacée par l'attestation signée de deux témoins qui peuvent être deux officiers, membres du comité d'achat s'il y a impossibilité de trouver d'autres témoins.

Pour les éleveurs indigènes, on doit se conformer au paragraphe 1er de l'article 109 de l'ordonnance du 2 janvier 1846 sur l'administration et la comptabilité des finances en Algérie (1).

Art. 79. Les frais de timbre de dimension des factures sont avancés sur les fonds de la remonte, puis recouvrés par le président du comité sur le vendeur. Les factures timbrées non employées en fin d'exercice sont conservées par les dépôts de remonte

---

(1) Art. 108. Dans le cas où le titulaire d'une ordonnance ou d'un mandat serait reconnu hors d'état de quittancer ladite ordonnance ou ledit mandat faute de savoir ou de pouvoir écrire, le comptable est autorisé à effectuer le paiement sur quittance administrative délivrée conformément aux dispositions prescrites par notre Ministre secrétaire d'Etat des finances.

Cette quittance est établie sur le modèle annexé à la présente ordonnance par le fonctionnaire chargé des services civils dans la résidence de la partie prenante.

A défaut de quittance administrative, le paiement a lieu en présence de deux témoins notoirement connus, qui signent avec le comptable sur l'ordonnance ou mandat, la déclaration faite par la partie prenante qu'elle ne sait ou ne peut signer.

Art. 109. Dans les paiements faits aux indigènes, leur signature ou l'apposition de leur cachet est certifiée par la déclaration écrite d'un interprète dûment assermenté ou commissionné, laquelle porte que la partie prenante ne sait signer en français.

Cette déclaration est visée par le fonctionnaire qui a remis l'extrait d'ordonnance ou le mandat au titulaire.

A défaut d'interprète assermenté ou commissionné, on doit exiger la quittance administrative mentionnée à l'article précédent ou l'attestation de deux témoins français notoirement connus. Dans ce dernier cas, le comptable signe avec les témoins.

Modèle de quittance administrative à produire par le créancier qui ne sait ou ne peut signer.

(Articles 108 et 109 de l'ordonnance.)

Par devant nous (nom, prénoms et qualités du fonctionnaire qui reçoit l'acte),

Est comparu (désigner le comparant comme il est sur le mandat de payement à lui délivrer); lequel ayant à recevoir de M. le Payeur (indiquer la résidence) la somme de (mentionner en toutes lettres la somme portée au mandat) montant du mandat n° , délivré à son profit pour (indiquer l'objet du mandat), nous a déclaré être hors d'état de quittancer ledit mandat, faute de savoir ou de pouvoir (s'il sait signer mais ne le peut, la cause de l'empêchement doit être indiquée) écrire, et nous a requis en conséquence de lui donner acte de la présente déclaration, qui sera par lui remise au payeur en même temps que le mandat ci-dessus indiqué en échange des fonds, pour valoir quittance et former libération valable et régulière.

Dont acte passé en brevet (on ne doit pas garder de minute de cette déclaration: elle doit être remise en brevet au déclarant, après qu'elle a été enregistrée), et, après lecture, nous avons signé le présent, en exécution de l'article 108 de l'ordonnance royale du 2 janvier 1846 sur l'administration et la comptabilité des finances en Algérie.

A , le 19

et les timbres sont considérés comme une valeur faisant partie des fonds de la remonte au lieu et place de numéraire.

Art. 80. Le président du comité paie également aux intéressés les indemnités auxquelles ils ont droit et les dépenses accessoires occasionnées par les achats. Ces dépenses imputées sur le montant du mandat d'avance sont justifiés trimestriellement, sauf le cas où le président du comité aurait besoin d'une nouvelle avance.

Art. 81. Les dépenses d'entretien des reproducteurs sont justifiées dans les mêmes délais que les dépenses dites accessoires de la remonte.

Situations des crédits et établissement des demandes de fonds.

Art. 82. Le 20 de chaque mois, le commandant du dépôt de remonte établit et fait parvenir, le même jour, au sous-intendant militaire chargé de la surveillance administrative de l'établissement, une situation (modèle n° 16) faisant connaître : 1° les dépenses déjà faites; 2° celles à faire pendant les deux mois suivants; 3° le montant des avances qui ont été délivrées; 4° les nouvelles avances à délivrer. Cette situation est visée par le sous-intendant militaire qui l'adresse au directeur du service de l'intendance de la région. D'après les données de ladite situation, ce fonctionnaire établit sa demande mensuelle de fonds dans laquelle il comprend également les sommes nécessaires au paiement des rachats de chevaux faits par les corps de troupe aux officiers. Cette demande de fonds doit parvenir au Ministre (*Bureau des remontes*) le 1er de chaque mois au plus tard, appuyée de la situation du dépôt de remonte.

En fin d'année, et pour éviter tout retard dans les opérations d'achat du mois de janvier suivant, le commandant du dépôt de remonte établit dès le 20 novembre et fait parvenir au sous-intendant militaire une situation spéciale du même modèle pour l'exercice suivant, en y indiquant les prévisions de dépenses à faire en janvier et février. Le directeur du service de l'intendance de la région adresse cette situation au Ministre pour le 1er décembre, accompagnée d'une demande de fonds.

Liquidation des dépenses.

Art. 83. Les dépenses des achats de chevaux, les dépenses dites accessoires du service de la remonte, celles d'entretien des reproducteurs, sont liquidées conformément aux dispositions de l'instruction du 14 août 1970.

Registres à tenir dans les dépôts.

Art. 84. Il est tenu dans chaque dépôt les registres ci-après indiqués :

1° Registre matricule des officiers;

2° Registre matricule des animaux de remonte (modèle n° 9);

3° Registre matricule des étalons et registre des saillies (modèles nos 24 et 25);

4° Registre matricule des chevaux des officiers appartenant à l'Etat;

5° Registre mlaricule des chevaux appartenant aux officiers;

6° Registre des situations journalières de l'effectif;

7° Contrôle nominatif des animaux ayant compté à l'effectif pendant l'année;

8° Registre des achats (modèle n° 7);

9° Carnets d'achats des officiers acheteurs (modèle n° 8);

10° Registre des consommations de fourrages;

11° Registre-journal des recettes et dépenses (modèle n° 21);

12° Compte courant avec les succursales et les annexes.

13° Compte des avances de fonds;

14° Livret de solde pour l'inscription des sommes touchées au Trésor pour la masse d'entretien et ferrage;

15° Registre annuel des saillies;

16° Compte de gestion (comptabilité matières);

17° Registre des entrées et sorties du matériel appartenant à l'Etat;

18° Registre des entrées et sorties du matériel appartenant au corps;

19° Registre des entrées et sorties du matériel appartenant au ministère des colonies;

20° Registre de correspondance;

21° Registre des mutations de l'infirmerie, modèle 22, indiquant les prescriptions ordonnées pour le traitement des chevaux et le régime alimentaire servi; ce registre est tenu par le vétérinaire et visé par le commandant de l'établissement.

Les registres dont la tenue est prescrite par le présent article doivent être cotés et paraphés par le sous-intendant militaire chargé de la surveillance administrative de l'établissement.

2e PARTIE.

Service des Haras.

TITRE VIII.

ORGANISATION. — FONCTIONNEMENT.

But de la création des haras.

Art. 85. Le service des haras a été créé en Algérie pour la multiplication des produits et l'amélioration de la race chevaline.

Etalons. — Effectif. — Personnel employé au service des étalons.

Art. 86. Ce service est organisé au moyen d'étalons entretenus sur le budget du ministère de la guerre.

Il est rattaché à celui des dépôts et succursales de remonte et fonctionne à l'aide du personnel de ces établissements dont la composition est indiquée au titre 1er du présent règlement.

L'effectif des étalons à entretenir est fixé chaque année par le budget.

Ils sont répartis dans les trois divisions militaires de l'Algérie et la division d'occupation de Tunisie, proportionnellement à leur population chevaline.

Le nombre de sous-officiers, brigadiers et cavaliers des compagnies de cavaliers de remonte employés au service des étalons dans les dépôts, annexes et succursales, en dehors de la période de la monte, est déterminé par le directeur des établissements hippiques d'après les nécessités du service de chacun d'eux.

Pour la période de la monte, la composition de chaque station est soumise à l'approbation du Ministre de la guerre.

Ce personnel est choisi parmi les sous-officiers, brigadiers et cavaliers qui se font remarquer par le goût du cheval, leur aptitude en équitation, leurs connaissances des principes de la reproduction, les pratiques de la saillie et des résultats de la monte.

Chaque compagnie de cavaliers de remonte d'Algérie est autorisée à recevoir des cavaliers commissionnés jusqu'à concurrence de 100 pour les affecter spécialement au service des étalons.

Ces cavaliers, soumis, d'ailleurs, à tous les règlements militaires, ne sont armés que du revolver et sont dispensés des exercices militaires et des corvées.

Matériel.

Art. 87. Le matériel nécessaire au service des étalons varie avec leur effectif. Il est fourni et entretenu par l'administration de la guerre.

Fixation de la période de la monte. — Tenue des étalons.

Art. 88. La monte prend fin dans la deuxième quinzaine de juin et tous les étalons sont réunis à partir des premiers jours de juillet dans chacun des établissements auxquels ils sont affectés.

Ils sont logés dans des écuries, munies de stalles et tenues non seulement avec propreté, mais encore avec tout le soin et le confort que permettent les circonstances et les ressources locales.

Les commandants d'établissements règlent tous les détails relatifs à l'hygiène des étalons de manière à développer le goût du cheval chez tous les militaires qui sont chargés de les appliquer.

Visite des étalons par les éleveurs et les étrangers.

Art. 89. Les éleveurs et les étrangers qui désirent examiner les étalons doivent être accueillis avec politesse et recevoir les renseignements qui les intéressent; mais ils ne peuvent pénétrer dans les établissements qu'avec l'autorisation du commandant et escortés par un planton; les étalons ne sont sortis de leurs stalles qu'en présence d'un officier ou du chef de station.

Du pansage.

Art. 90. Un pansage par jour est reconnu suffisant pour la santé des étalons et ce pansage doit être généralement fait le soir; mais ils sont bouchonnés avec soin avant les promenades et à la rentrée.

L'abreuvoir et la distribution de la ration d'orge ou avoine doivent terminer le pansage.

Composition de la ration de fourrages.

Art. 91. La composition de la ration de fourrages des étalons est la suivante :

Foin : 3 kilogrammes ;
Paille : 5 kilogrammes ;
Orge ou avoine : 5 kilogrammes.

Tous les étalons inscrits au stud book français peuvent toucher de l'avoine au lieu d'orge.

Il en est de même de ceux auxquels, par exception, le directeur des établissements hippiques juge cette mesure nécessaire.

Les étalons de race de trait ont droit à une augmentation de 2 kilogrammes d'avoine pendant la durée de la monte.

Après la rentrée de la monte, chaque étalon ou élève étalon reçoit, pendant 30 jours, un supplément de 4 kilogrammes de carottes.

Régime et travail des étalons.

Art. 92. En juillet, août et septembre, les étalons sont maintenus à un régime rafraîchissant. Lorsque la situation des localités le permet, ils prennent des bains de mer ou d'eau douce tous les deux ou trois jours, en remplacement de pansage et les promenades se font seulement au pas. On profite de cette période pour traiter et faire disparaître toutes les fatigues occasionnées par le service de la monte et on propose pour la réforme tous les géniteurs qui sont vieux, épuisés ou atteints de tares transmissibles.

Du 1er octobre au 31 janvier, les étalons sont soumis à un entraînement progressif ayant pour but de les soustraire à l'obésité cause principale de l'impuissance.

Tous sont montés au moins deux heures par jour et ils doivent parcourir de 12 à 20 kilomètres en augmentant progressivement la durée des temps de trot.

Ceux qui, en raison de leur âge ou de l'état de leurs membres, ne peuvent pas supporter ces exercices, travaillent à part sur des distances et à des allures réglées d'après leur condition.

L'allure du pas est rigoureusement observée au commencement et à la fin du travail et les chevaux doivent rentrer toujours secs et calmes.

En arrivant à l'écurie, les pieds sont curés, on éponge les yeux et les naseaux; le dos et les membres sont frictionnés vigoureusement.

A quelque heure que se fasse la promenade, l'abreuvoir n'a jamais lieu que deux heures après la descente de cheval.

A partir du 1er février, le travail aux allures vives est suspendu; les étalons sont préparés aux marches qu'ils doivent exécuter pour se rendre en station, par de longues promenades au pas.

TITRE IX.

ACHAT DES ÉTALONS.

Provenance des étalons. — Leur inscription au registre matricule. Marquage. — Des élèves-étalons.

Art. 93. Les étalons proviennent des jumenteries de l'Etat ou des chevaux de remonte achetés par les comités dans la forme ordinaire.

Les comités d'achat désignent provisoirement, parmi les chevaux achetés, ceux qui, par le sang et la distinction, la finesse des tissus, l'ampleur de la charpente, la régularité des formes, la puissance de la membrure leur paraissent les plus aptes à faire des géniteurs susceptibles d'améliorer la race. Le nombre maximum de chevaux à classer dans cette catégorie provisoire est fixée annuellement par le Ministre pour l'ensemble de l'Algérie et de la Tunisie, sur la proposition qui lui en est faite par le directeur des établissements hippiques.

Il est bien entendu que le maximum ainsi fixé peut ne pas être atteint si le nombre des animaux présentant toutes les qualités nécessaires pour faire prévoir un géniteur est insuffisant.

Ces animaux sont envoyés dans les dépôts et le directeur des établissements hippiques, lors de ses inspections, choisit parmi eux « les élèves étalons ». Après que le directeur a fait son choix, les chevaux éliminés par lui sont immédiatement envoyés dans les régiments.

Il propose plus tard au général inspecteur, général permanent des remontes ceux qui, après essai, lui paraissent devoir être classés étalons.

Le nombre des élèves étalons d'une part, celui des étalons d'autre part, sont déterminés annuellement par le budget.

Pendant la période de la monte, les élèves étalons font le service d'étalon, mais ils ne sont employés qu'en raison de leur vigueur et de leur âge. Ceux de 4 ans, ne font qu'une ou deux saillies par semaine. Il en est de même de ceux de 5 ans qui se trouvent encore dans la période de développement. En un mot, on observe cette règle pour tous les géniteurs qui ne sont pas en forme pour faire une saillie tous les jours.

A l'inspection générale qui fait suite à leur période d'essai, la plupart sont proposés pour étalons, quelques-uns restent encore en observation pendant un an, d'autres enfin rentrent dans le rang et sont versés dans les régiments.

Les élèves-étalons ont droit pendant la période de la monte (y compris le temps nécessaire pour se rendre dans les stations de monte et pour le retour aux dépôts et succursales) à la même ration que les étalons.

En dehors de cette période ils perçoivent la ration des chevaux de remonte.

Tout cheval classé étalon par le général inspecteur est inscrit sur le registre matricule des étalons qui se divise en deux parties :

La 1re partie (modèle n° 23) sert à l'inscription des renseignements signalétiques et la 2e partie, intitulée historique (modèle n° 24) à celle de ses mutations, de son appréciation par les inspecteurs généraux, du nombre de ses saillies par année, des produits obtenus, de ses maladies et de ses performances.

Les étalons portent leur numéro matricule marqué au fer rouge sur le sabot antérieur gauche.

TITRE X.

SERVICE DE LA MONTE.

Rapport sur les opérations de la monte de l'année courante.

Art. 94. A la fin de juillet, après la rentrée de station de tous les étalons, les commandants de dépôt adressent au directeur des établissements hippiques un rapport sur les opérations de la monte dans leur division.

Le rapport général sur la monte, établi par le directeur, est transmis au Ministre de la guerre par le général, inspecteur général permanent des remontes, avec ses observations.

Proposition de répartition des étalons pour la monte de l'année suivante.

Art. 95. Le 15 novembre de chaque année, les commandants de dépôt adressent au directeur des établissements hippiques un état de proposition de répartition numérique des étalons et du personnel dans les stations de leur province.

Le directeur centralise ces états, les transmet au général, inspecteur général permanent des remontes, en y joignant un projet d'instructions générales pour assurer le service de la monte de l'année suivante.

Le général inspecteur les soumet, avec ses observations, à l'approbation du Ministre de la guerre.

NOTA. — Les instructions générales sur le service de la monte étant perfectibles et sujettes à modifications en raison des provinces, il est préférable de ne pas les insérer dans le règlement.

Demande d'ordre de mouvement pour la mise en route sur les stations de monte.

Art. 96. Aussitôt après réception des états de répartition numérique approuvés, les commandants de dépôt établissent les états de répartition nominative des étalons et les adressent au directeur.

Ils adressent en outre au général commandant la division :

1° Une demande d'autorisation de mise en route des étalons pour les stations de la division, en deux expéditions dont l'une est retournée au dépôt ;

2° Un extrait pour chaque subdivision indiquant :

Le lieu et la date de départ de chaque station ;

La date de son arrivée à destination ;

Son effectif et le nombre de mulets du train des équipages militaires nécessaires pour le transport de son matériel et de ses effets ; ainsi que le nombre de mulets nécessaires pour le ravitaillement pendant toute la durée de la période de la monte de chacune des stations dont l'isolement ne permet pas de recevoir les denrées sur place;

3° Un état de mouvement des stations accompagné d'un extrait pour chaque sous-intendance, destiné au directeur du service de l'intendance de la division, après approbation du général commandant la division faisant ressortir tous les renseignements utiles pour la préparation des approvisionnements qui doivent être constitués par les entrepreneurs ou les magasins de l'Etat, dans la quinzaine qui précède l'arrivée des étalons.

Instruction spéciale des chefs de station.

Art. 97. A partir des premiers jours de janvier, tous les gradés et cavaliers jugés aptes à commander une station, sont réunis à part dans chaque dépôt et succursale pour recevoir des instructions spéciales, théoriques et pratiques sur les sujets suivants :

Fonctions qui leur sont dévolues;

Conditions dans lesquelles l'étalon doit exécuter la saillie;

Conditions que doivent remplir les juments pour être admises à la saillie;

Dispositions à prendre à l'égard des juments atteintes de maladies contagieuses;

Notions sur les accouplements;

Catégorie d'étalons à donner aux juments inscrites au Studbook;

Soins à donner aux étalons dans les stations et en marche;

Etablissement des cartes de saillie et des déclarations de naissances (modèle n° 25);

Tenue du registre des saillies (modèle n° 26);

Etablissement du rapport de quinzaine (modèle n° 27);

Qualité des vivres et fourrages à recevoir en distribution;

Formalités à remplir en cas de mauvaise qualité des denrées présentées par les fournisseurs.

Nota. — Chaque chef de station reçoit d'ailleurs un exemplaire de l'instruction détaillée sur l'application du règlement du service de la monte.

Théories pratiques sur la monte.

Art. 98. La monte commence le 15 janvier dans tous les dépôts et succursales. Tous les gradés et cavaliers désignés pour commander des stations assistent à la saillie, afin de compléter leur instruction théorique et de connaître la pratique des détails manuels. Les cavaliers appelés à faire partie des stations sont exercés à cette pratique aussi souvent que possible.

Gratuité de la saillie.

Art. 99. La saillie des étalons des haras militaires est entièrement gratuite.

Tous les éleveurs européens et indigènes y ont droit indistinctement; mais les juments de race européenne de trait léger ne sont saillies que par des étalons barbes ou arabes choisis parmi les plus étoffés. Les juments inscrites au stud-book ne sont données qu'à des étalons également inscrits au stud-book algérien ou à des étalons de pur sang inscrits au stud-book français.

Locaux à fournir par les communes pour l'installation des stations de monte. — Mise en route des animaux pour les stations.

Art. 100. Les locaux à mettre par les communes à la disposition du service des établissements hippiques pour l'installation des stations d'étalons pendant la période de la monte. doivent être disponibles à partir du 15 février et entretenus dans le meilleur état possible, par les soins des autorités civiles ou militaires de la colonie selon le territoire; ils devront réunir tout le confortable auquel ont droit des hommes chargés d'un service spécial appelé à améliorer la race chevaline du pays et des étalons de valeur saillissant gratuitement les poulinières de leur circonscription.

Afin de permettre aux municipalités de donner satisfaction aux demandes d'amélioration et de transformation de bâtiments qui leur seraient faites, ces demandes sont produites dès la rentrée des étalons dans leur portion centrale ou succursale et elles figurent dans le rapport sur la monte établi par les commandants de dépôts.

Les chambres et les cuisines doivent être désinfectées et blanchies au lait de chaux.

Le mobilier et les ustensiles doivent être au complet.

Avant l'ouverture de la monte les commandants de dépôts constatent l'état des lieux et poursuivent, s'il y a lieu, auprès des autorités compétentes, l'exécution immédiate de toute réparation et amélioration demandées antérieurement. S'il n'est pas donné une suite favorable à cette démarche, les étalons ne sont pas envoyés dans les localités sus-visées et sont répartis, autant que possible, dans les stations environnantes.

Le détachement destiné à chaque station est mis en route à la date fixée par l'ordre de mouvement soumis à la signature du général commandant la division.

Opérations de la monte dans les stations.
Époque à laquelle elles commencent et époque à laquelle elles prennent fin.

Art. 101. La monte commence dans chaque station quatre jours après l'arrivée des étalons et cesse le 15 juin dans celles ayant fonctionné depuis le 1er mars, et le 30 juin seulement dans celles où les opérations ont été retardées par une cause quelconque; mais le séjour ne peut être prolongé au delà du 15 juin dans une station quelconque, qu'avec l'autorisation du général commandant la division militaire.

En principe, les étalons ne doivent saillir qu'une fois par jour, le matin autant que possible.

Cependant l'expérience ayant démontré que certains étalons, dans la force de l'âge, peuvent fournir deux saillies dans la même journée sans fatigue; il en sera désigné quelques-uns dans chaque station pour faire ce double service toutes les fois que le nombre des juments présentées l'exigera.

Tous les étalons sans exception auront un jour de repos par semaine.

Le lendemain de la cessation des saillies, les détachements d'étalons rétrogradent sur leurs établissements respectifs, en suivant l'itinéraire approuvé à l'avance par les généraux commandant les divisions.

Surveillance des stations de monte.

Art. 102. Le personnel des stations de monte est sous les ordres des officiers et vétérinaires des établissements hippiques pour tout ce qui concerne leur service spécial, et sous les ordres des autorités militaires pour tout ce qui a trait à la police et à la discipline générale.

En principe, les stations sont visitées inopinément deux fois par mois, et plus souvent s'il est nécessaire par les officiers des établissements hippiques. Elles sont aussi inspectées par les officiers des comités d'achat, lors de leur passage, ce qui permet de diminuer le nombre des visites inopinées qui doivent être faites sur ces points.

Toutefois, les stations très éloignées peuvent n'être visitées que deux fois pendant la saison de monte.

Une grande initiative est laissée à ce sujet aux commandants de dépôts.

TITRE XI.

JUMENTERIES. — ORGANISATION ET FONCTIONNEMENT.

But de l'établissement des jumenteries.

Art. 103. Les jumenteries sont créées dans le but de fournir aux dépôts d'étalons de l'Algérie et de la Tunisie et éventuellement à ceux de France :

1° Des reproducteurs de pur sang oriental ;

2° Des reproducteurs de race barbe améliorée par des croisements arabes ;

3° Des reproducteurs de race barbe améliorée par une sélection bien entendue.

Direction supérieure.

Art. 104. Les jumenteries relèvent du directeur des établissements hippiques de l'Algérie et de la Tunisie, comme les dépôts de remonte et d'étalons.

Cet officier supérieur est spécialement chargé d'y régler les appareillements.

Il soumet au Ministre par l'intermédiaire du général, inspecteur général permanent des remontes, les propositions concernant le fonctionnement de ces établissements.

Administration et comptabilité.

Art. 105. L'administration et la comptabilité des jumenteries sont régies par des instructions spéciales.

(Voir l'annexe n° 5 du présent règlement concernant l'administration et la comptabilité de la jumenterie de Tiaret.)

Des registres matricules distincts et d'un modèle spécial sont toutefois établis pour les étalons, les juments poulinières, les poulains et les pouliches (mod. ci-annexés : n° 28 pour les juments et pouliches et n° 32 pour les étalons et poulains).

TITRE XII.

PERSONNEL.

Du personnel (officiers et troupe).

Art. 106. Le personnel d'une jumenterie est composé :

1° D'un officier de cavalerie commandant, du grade de capitaine ou de lieutenant détaché d'un corps de troupe ;

2° D'un lieutenant de cavalerie détaché d'un corps de troupe, officier comptable ;

3° D'un lieutenant ou sous-lieutenant de cavaliers de remonte commandant le détachement ;

4° D'un vétérinaire en 1er ou en 2e ;

5° D'un nombre de sous-officiers, brigadiers et cavaliers de remonte, trompettes et ouvriers suffisant pour le service.

Cet effectif augmente progressivement au fur et à mesure du développement de la jumenterie, par ordre du Ministre, sur la proposition du général inspecteur général permanent des remontes.

Les officiers et le vétérinaire sont désignés par le Ministre. Ils sont montés en chevaux hongres ou en juments déclassées.

Les hommes de troupe sont choisis dans les trois compagnies de cavaliers de remonte de l'Algérie par le directeur des établissements hippiques de l'Algérie et de la Tunisie et désignés sur sa proposition par le général commandant le 19e corps d'armée pour passer au détachement de la jumenterie.

Le personnel, hommes de la jumenterie, est divisé en deux catégories :

1° Celle des militaires employés à l'entraînement ;

2° Celle des militaires employés à l'exploitation agricole.

La première de ces deux catégories est formée des hommes du poids le plus léger et les meilleurs cavaliers des trois compagnies de cavaliers de remonte d'Algérie.

La deuxième comprend des hommes très robustes qui ont une grande habitude du travail de la terre et qui jouissent d'une santé très forte.

Composition de l'effectif des animaux.

Art. 107. La composition de l'effectif maximum des animaux est arrêtée comme il suit :

1° 4 étalons de race arabe et barbe ;

2° 45 juments de race arabe, arabe-barbe ou barbe ;

3° Les poulains et pouliches nés dans la jumenterie et issus des père et mère précités ;

4° Un nombre de bœufs suffisant pour exécuter certains travaux de la terre ;

5° Un nombre de mulets suffisant pour compléter le travail des bœufs employés à l'exploitation agricole ;

6° 8 mulets dits de service pour atteler les voitures de l'établissement.

Le nombre des mulets employés aux travaux agricoles varie en raison de l'époque de l'année. Ils sont versés dans les corps à mesure que les travaux pour lesquels ils sont détachés dans la jumenterie sont achevés.

Solde. — Indemnités du personnel.

Art. 108. Le personnel, officiers et troupe, employé dans les jumenteries, est traité, au point de vue de la solde et des indemnités diverses, comme celui des autres établissements de remonte de l'Algérie et de la Tunisie.

Il peut recevoir des allocations spéciales prévues aux budgets de ces établissements résultant de dispositions réglementaires ou de décisions ministérielles spéciales.

TITRE XIII.

MATÉRIEL.

Matériel divers. — Harnachement, etc. — Jumenteries.

(Voir l'annexe n° 5 du présent règlement.)

TITRE XIV.

SERVICE.

Service des officiers.

Art. 109. Les officiers détachés dans une jumenterie s'occupent de tout ce qui a trait aux appareillements, à l'élevage, à l'entraînement et à l'exploitation agricole.

Ils se forment également en comité pour faire à l'établissement les achats des chevaux des environs et pour se rendre dans les tribus de leur circonscription pour y distribuer les primes, traiter le service du stud-book, visiter les stations de monte et faire des achats.

Ils relèvent directement du directeur pour tout ce qui a trait aux appareillements, à l'élevage, à l'entraînement et à l'exploitation agricole et du chef d'escadrons commandant le dépôt de la province pour tout ce qui concerne les achats.

Entraînement.

Art. 110. Les poulains et les pouliches qui atteignent l'âge de 3 ans, sont soumis à un entraînement régulier sous la direction du commandant de la jumenterie.

Ils sont montés par les cavaliers envoyés à l'établissement à cet effet. L'entraînement cesse au mois de juillet ou d'août afin de ne pas soumettre ces jeunes animaux à un exercice fatigant pendant la période des chaleurs.

Un état faisant ressortir la vitesse donnée par chaque sujet est établi à la fin de l'entraînement ; il est envoyé au directeur qui le transmet au général, inspecteur général permanent des remontes. Le double de cet état est conservé soigneusement à la jumenterie afin de pouvoir établir des comparaisons entre les vitesses des différentes années.

Destination à donner aux poulains et aux pouliches âgés de 3 ans lorsqu'ils ont terminé leur entraînement.

Art. 111. Dès que les poulains âgés de 3 ans ont terminé leur entraînement, ils sont versés en qualité d'étalons dans les différents dépôts de l'Algérie et de la Tunisie. Les pouliches qui se trouvent dans les mêmes conditions passent à la catégorie des poulinières et sont saillies au printemps de l'année suivante.

Réforme d'animaux.

Art. 112. Les étalons et les poulinières qui ont cessé de réunir les conditions nécessaires pour remplir leur emploi à la jumenterie, les poulains et les pouliches qui ne prennent pas tout le développement désirable ou qui ne présentent pas les lignes, l'ampleur et les caractères de distinction que l'on est en droit d'exiger d'animaux destinés à créer des reproducteurs, sont proposés au général, inspecteur général permanent des remontes, pour être réformés ou pour être versés dans un corps de troupe. Cette proposition est faite par le directeur des établissements hippiques.

TITRE XV.

EXPLOITATION.

Mise en culture des terres des jumenteries.

Art. 113. Les jumenteries doivent retirer des terres qui leur sont concédées le plus grand profit possible pour l'État. Toutes celles qui sont susceptibles d'être mises en culture sont défrichées et exploitées.

La main-d'œuvre militaire est seule employée en principe, mais le commandant, avec l'autorisation du directeur des établissements hippiques, peut se servir de la main-d'œuvre civile toutes les fois que des travaux importants l'exigent. Cette dernière est payée sur les fonds de l'exploitation agricole.

On peut également avoir recours, lorsque les circonstances le permettent, aux ateliers de condamnés militaires.

Des récoltes.

Art. 114. Toutes les denrées récoltées sont versées au service des subsistances militaires et les détails de ces opérations sont réglés comme il est dit à l'annexe n° 5 du présent règlement.

Abrogation des dispositions antérieures.

Art. 115. Toutes les dispositions antérieures sont abrogées.

Le Ministre de la guerre,
Gal L. André.

ANNEXES AU RÈGLEMENT

N° 1. Emplacement des dépôts de remonte et d'étalons, des succursales ou annexes et des jumenteries composant les établissements hippiques de l'Algérie et de la Tunisie.

N° 1 *bis*. Instruction relative à la mise en essai d'une tenue spéciale pour les militaires des compagnies de cavaliers de remonte d'Algérie ou de Tunisie, rengagés ou commissionnés en qualité de garde-étalons.

N° 2. Division territoriale de l'Algérie et de la Tunisie au point de vue du service de la remonte et des haras.

N° 3. Distribution des primes d'encouragement à la race chevaline en Algérie.

N° 4. Fonctionnement du stud-book algérien.

N° 5. Instruction ministérielle réglant le fonctionnement administratif et la comptabilité de la jumenterie de Tiaret.

N° 6. Circulaire relative aux dépenses imputables à l'article 5 du chapitre 31, Déplacements spéciaux du service de la Remonte générale.

ANNEXE N° 1.

Emplacement des dépôts de remonte et d'étalons, des succursales ou annexes, des jumenteries composant les établissements hippiques de l'Algérie et de la Tunisie.

DÉPÔTS DE REMONTE et d'étalons.	ÉTABLISSEMENTS RATTACHÉS A CES DÉPÔTS.			DIVISIONS MILITAIRES dans lesquelles sont situés les dépôts, annexes ou jumenteries.
	Succursales.	Annexes.	Jumenteries.	
Blidah..........	Milianah...	Mustapha..	»	Alger.
Mostaganem.....	Oran......	»	Tiaret......	Oran.
Constantine.....	Sétif.......	L'Allélick .	»	Constantine.
Tunis..........	»	»	»	Tunis.

ANNEXE N° 1 *bis*.

Instruction relative à la mise en essai d'une tenue spéciale pour les militaires des compagnies de cavaliers de remonte d'Algérie ou de Tunisie, rengagés ou commissionnés en qualité de garde-étalons.

Paris, le 7 octobre 1899.

Le Ministre a décidé la mise en essai d'une tenue spéciale composée d'une veste et d'une casquette remplaçant le dolman et le képi pour les militaires des compagnies de cavaliers de remonte d'Algérie ou de Tunisie, rengagés ou commissionnés en qualité de garde-étalons.

La dépense résultant de cette mise en essai sera supportée par la masse d'habillement des compagnies de cavaliers de remonte.

Description de la veste.

Confectionnée en drap bleu foncé de soldat, doublée en toile de coton.

Sa longueur est telle qu'elle descend à 70mm au-dessous des hanches qu'elle emboîte parfaitement.

Elle se ferme droit sur la poitrine à l'aide de neuf boutons en étain du modèle de l'arme, également espacés entre eux; le premier est à 30mm de l'encolure et le dernier est à 20mm environ du bord inférieur du devant.

Devants. — Le côté droit qui porte les boutons s'engage sous celui de gauche de 50mm, au moyen d'une anglaise rapportée descendant jusqu'au bas où elle est légèrement abattue; le côté gauche qui porte les boutonnières est rabattu et piqué à cordon sur toute sa longueur; tous les deux sont parementés en drap du fond.

Dos. — D'une seule pièce, légèrement terminé en pointe à sa partie inférieure; il s'assemble, sur le dessus de l'épaule, au bord supérieur des devants et, latéralement, à une pièce dite petit côté, qui est jointe au devant par une couture à l'aplomb de l'aisselle. La largeur du dos est proportionnée à la grosseur de l'homme.

Le bas des devants et du dos, parementé en drap du fond, est replié en dedans et piqué à cordon.

Collet. — En drap garance de soldat, doublé en drap du fond; il est remplié et piqué sur ses bords; une seconde pigûre parallèle à la première le partage par la moitié; au pied est une agrafe avec porte.

A l'intérieur, une forte toile et une autre en doublure ordinaire.

Les angles arrondis sont garnis d'une patte en drap du fond taillée en accolade à sa partie postérieure; cette patte réserve sur son bord antérieur un liséré d'environ $2^{mm},5$, laissant voir le drap du collet; les trois pointes de l'accolade sont en ligne verticale et ses courbes ont une rentrée de 5^{mm}. Le numéro de la compagnie, en métal argenté, est fixé sur les pattes par 2 griffes placées à chaque extrémité.

Pattes d'épaule. — Sur chaque épaule est placée une patte en drap du fond doublée et passepoilée du même (longueur, pour la taille moyenne, 140^{mm}); la tête est percée d'une boutonnière qui reçoit un bouton d'uniforme solidement cousu près de l'encolure.

Manches. — En deux morceaux, un dessus et un dessous (largeur au haut pour la taille moyenne 210^{mm}). Elles sont terminées par un parement en drap du fond taillé en pointe.

Au milieu du dessous de manche est pratiquée une fente de 210^{mm} de longueur environ, qui se ferme au moyen de cinq agrafes noires avec porte. Cette fente est entourée d'une tresse plate de nuance écarlate, de 15^{mm} de largeur, laquelle est repliée dans le haut en forme de soubise.

A l'intérieur du vêtement et de chaque côté des devants, se trouve une poche en toile dite de portefeuille.

Les parementages des devants et du bas et la doublure du collet peuvent être en plusieurs morceaux rejoints avec solidité.

Toutes les piqûres sont faites au cordonnet de soie de la nuance du drap.

Dimensions invariables.

Collet.	Hauteur		$0^m,035$
	Abatage, environ		$0^m,030$
Pattes à numéros.	Longueur mesurée à la pointe du milieu		$0^m,040$
	Hauteur	des pattes	$0^m,030$
		des chiffres	$0^m,018$
Dos.	Largeur au bas		$0^m,120$
Pattes d'épaule.	Largeur (environ)	à la couture d'emmanchure	$0^m,050$
		au milieu	$0^m,030$
		à la tête arrondie	$0^m,035$
Manches.	Largeur (environ)	à la saignée	$0^m,195$
		au bord inférieur du parement	$0^m,150$
Parements.	Hauteur apparente	à la pointe	$0^m,180$
		courante	$0^m,040$
	Rempli		$0^m,020$
Poches de portefeuille.	Largeur et profondeur		$0^m,150$
	Distance de l'orifice au bas de la veste		$0^m,240$
Parementages en drap	des devants, largeur		$0^m,060$
	du bas, dans tout leur développement		$0^m,030$

Devis de la veste.

	fr. c.
1m,05 drap bleu foncé soldat à 7 fr. 66 le mètre	8 04
0m,016 drap garance soldat à 7 fr. 25 le mètre	0 12
1m,32 toile à doublure en coton à 0 fr. 65 le mètre	0 86
0m,96 galon laine rouge de 22mm cul de dé à 0 fr. 25 le mètre	0 24
11 paires d'agrafes à 0 fr. 025 la douzaine	0 02
2 numéros en cuivre argenté à 0 fr. 10 l'un	0 20
13 boutons demi-sphériques à 0 fr. 24 la dizaine	0 31
Toile de collet	0 03
Menues fournitures	0 15
Coupe et main-d'œuvre	2 45
Total	12 42
A ajouter : frais généraux (5 p. 100) et bénéfice (10 p. 100) = 15 p. 100.	1 86
Total	14 28

En chiffres ronds : 14 f. 30.

Description de la casquette.

La casquette est du modèle des haras ; elle se compose d'un bandeau, de bas côtés, d'un calot, d'une visière, d'une jugulaire et d'une garniture intérieure.

Bandeau. — En drap garance de soldat, coupé à poil descendant ; son milieu est orné d'un ruban en soie noire avec broderies écarlates qui vient se perdre dans la couture postérieure du bandeau ; le numéro de la compagnie, en cuivre argenté, est fixé au devant de la casquette par deux griffes qui traversent le ruban et le bandeau.

Les bas côtés sont formés de quatre pièces de drap bleu foncé de soldat, assemblées avec le calot et le bandeau, et qui se rattachent entre elles par des coutures ornées d'un passepoil en drap écarlate ; au milieu de ces pièces et à égale distance des passepoils sont placés quatre ventouses en fer verni noir qui traversent le drap et la doublure intérieure en percaline.

Calot. — Egalement en drap bleu foncé de soldat et de forme ronde ; il est réuni aux bas côtés par une bande de drap formant passepoil et recouvrant un jonc qui maintient au calot sa forme ronde.

Visière. — En cuir de vache de 2mm,5 à 3mm d'épaisseur verni sur chair et sur fleur. Elle est bordée en maillechort et fixée au bandeau et à la coiffe à l'aide d'une petite gorge en lustrine, de telle façon que son inclinaison soit de 30° au dessous de l'horizon.

Il existe trois séries de visières ; le n° 1 correspond aux grosseurs de tête de 53, 54 et 55 cent. ; le n° 2 aux grosseurs 56, 57, 58 et 59 ; et le n° 3 aux grosseurs 60, 61, 62 et 63.

Jugulaire. — Egalement en vache vernie sur chair d'une épaisseur de 1mm,3 à 1mm,8 ; elle est rattachée à la casquette par 2 petits boutons d'uniforme de 10mm de diamètre.

Garniture intérieure. — La garniture intérieure comprend :

1° Un rond en basane noire (mouton ou chèvre tanné et corroyé) de $0^{mm},5$ à 1^{mm} d'épaisseur, de même forme que le calot dont elle recouvre toute la surface ;

2° D'une couche d'ouate disposée autour du calot entre la basane et le drap ;

3° D'une bande en lustrine noire rattachée d'un côté à la basane du calot et, de l'autre, au bord inférieur du bandeau ;

4° D'une carcasse en carton ;

5° D'une coiffe en basane noire semblable à celle du calot, qui est fixée par une couture en surjet au bas du bandeau de façon à pouvoir se replier intérieurement sur la bande de lustrine.

Dimensions invariables.

Bandeau	Hauteur apparente	0m,060.
Bas-côtés	Hauteur	0m,010.
Calot. Diamètre.	Pour les pointures 53 et 54	0m,235.
	Pour les pointures 55 à 57	0m,240.
	Pour les pointures 58 et au-dessus	0m,250.
Jugulaire	Largeur	0m,012.
	Longueur de chaque bande	0m,260.
	Longueur déployée	0m,470.

		N° 1.	N° 2.	N° 3.
Visière	Écartement des deux pointes	0m,170	0m,185	0m,195
	Largeur au milieu	0m,055	0m,055	0m,055

Ventouse	Diamètre	0m,015.
Coiffe intérieure.	Hauteur apparente	0m,047.
Hauteur totale de la casquette, environ		0m,100.

Devis de la casquette.

	fr. c.
0m,08 drap bleu foncé soldat à 7 fr. 60 le mètre	0 61
0m,04 drap garance soldat à 7 fr. 25 le mètre	0 29
0m,002 drap écarlate sous-officier à 6 fr. 93 le mètre	0 01
Visière cerclée en maillechort	0 90
Jugulaire	0 07
Basane pour fond et coiffe	0 48
Carcasse en carton	0 03
Lustrine croisée noire	0 05
Ouate	0 01
Jonc	0 05
4 petits boutons	0 10
2 ventouses	0 15
0m,65 galon brodé à 1 fr. 30 le mètre	0 80
1 numéro en cuivre argenté	0 10
Menues fournitures	0 05
Coupe et main-d'œuvre	0 75
	4 45
A ajouter : frais généraux (5 p. 100) et bénéfice (10 p. 100) = 15 p. 100	0 67
TOTAL	5 12

En chiffres ronds : 5 fr. 15.

ANNEXE N° 2.

Division territoriale de l'Algérie et de la Tunisie au point de vue du service de la remonte et des haras.

Chaque dépôt de remonte et d'étalons assure le service de la remonte et des haras sur le territoire de la division à laquelle il appartient pour l'Algérie, et sur le territoire de la Régence pour la Tunisie.

Dans les trois provinces de l'Algérie, où des succursales sont annexées à chaque dépôt, ces établissements assurent le service dans les communes qui leur sont assignées comme territoire d'opérations, savoir :

I. — Division d'Alger.

Dépôt de remonte et d'étalons de Blida.

1° Les communes de plein exercice et mixtes de l'arrondissement d'Alger ;

2° Les communes de plein exercice et mixtes de l'arrondissement de Tizi-Ouzou ;

3° Les communes de plein exercice et mixtes de l'arrondissement de Médéa ;

4° Le cercle militaire de Boghar ;

5° Le cercle militaire de Bou-Saada ;

6° Le cercle militaire de Djelfa ;

7° Le cercle militaire de Ghardaïa ;

8° Le cercle militaire de Laghouat.

Succursale de remonte et d'étalons de Miliana.

1° Les communes de plein exercice et mixtes de l'arrondissement de Miliana ;

2° Les communes de plein exercice et mixtes de l'arrondissement d'Orléansville.

II. — Division d'Oran.

Dépôt de remonte et d'étalons de Mostaganem.

1° Les communes de plein exercice et mixtes de l'arrondissement de Mostaganem, excepté les communes mixtes et de plein exercice de Tiaret ;

2° Les communes de plein exercice et mixtes de l'arrondissement de Mascara, excepté la commune mixte de Frendah ;

3° La commune de plein exercice de Perrégaux ;

4° La commune indigène de Yacoubia ;

5° Le cercle militaire de Géryville ;

6° Le cercle militaire de Méchéria ;

7° Le cercle militaire d'Aïn-Sefra.

Succursale de remonte et d'étalons d'Oran.

1° Les communes de plein exercice et mixtes de l'arrondissement d'Oran, excepté celle de Perrégaux;

2° Toutes les communes de l'arrondissement de Tlemcen;

3° Toutes les communes de l'arrondissement de Sidi-Bel-Abbès;

4° Territoire militaire du cercle de Lalla-Marghnia et annexe d'El-Aricha.

Comité d'achat de Tiaret.

1° Communes de plein exercice et mixte de Tiaret;

2° Commune mixte de Frendah;

3° Cercle militaire de Tiaret et annexe d'Aflou.

Nota. — Le comité de Tiaret étant composé d'officiers attachés à la jumenterie, et cet établissement n'étant pas organisé en succursale, le personnel et les étalons employés dans les stations de monte de son territoire d'exploration sont fournis par le dépôt central; mais le président de ce comité assure leur surveillance pendant la saison de la monte.

III. — Division de Constantine.

Dépôt de remonte et d'étalons de Constantine.

1° Les communes de plein exercice et mixtes de l'arrondissement de Constantine, excepté la commune mixte de Châteaudun-du-Rumel;

2° Toutes les communes de l'arrondissement de Batna, excepté la commune mixte de Ouled-Soltan (N'Gaous);

3° Toutes les communes de l'arrondissement de Bône;

4° Toutes les communes de l'arrondissement de Guelma;

5° Toutes les communes de l'arrondissement de Philippeville;

6° Le cercle militaire de Khenchela;

7° Le cercle militaire de Tébessa.

Succursale de remonte et d'étalons de Sétif.

1° Les communes de plein exercice et mixtes de l'arrondissement de Bougie;

2° Toutes les communes de l'arrondissement de Sétif;

3° La commune mixte de Châteaudun-du-Rhumel;

4° La commune mixte de Ouled-Soltan (N'Gaous);

5° Le cercle militaire de Barika;

6° Le cercle militaire de Biskra.

IV. — Tunisie.

Dépôt de remonte et d'étalons de Tunis.

Tout le territoire de la Régence de Tunis.

ANNEXE N° 3.

Instruction ministérielle relative à la distribution des primes d'encouragement à l'industrie chevaline en Algérie.

Paris, le 22 juillet 1899.

Art. 1er. Dans le but d'encourager la production et l'élevage de la race chevaline en Algérie, le budget de la guerre attribue annuellement un crédit spécial à distribuer en primes à l'industrie chevaline. Ces primes sont exclusivement distribuées aux poulains et pouliches de deux et trois ans et aux juments poulinières pleines ou suitées d'un produit de l'année par un étalon de l'Etat ou par un étalon de race barbe, arabe, arabe-barbe approuvé par l'Etat (guerre ou agriculture).

Art. 2. La somme allouée annuellement sera répartie par le Ministre de la guerre proportionnellement à l'importance de la population chevaline de chaque division militaire et des circonscriptions hippiques qui en font partie, sur la proposition du directeur des établissements hippiques et de l'inspecteur général permanent des remontes. Elle sera distribuée, par voie de concours, en primes de 150, 100 et 50 francs, en raison des ressources chevalines des différentes contrées, ressources qui se modifient fréquemment par le fait des années prospères ou malheureuses que traverse le pays.

Les poulains et pouliches recevront la moitié des sommes allouées et les juments poulinières l'autre moitié.

Dans chaque catégorie de primes, les poulains et pouliches inscrits au stud-book français ou algérien et les juments poulinières inscrites au stud-book français ou algérien et suitées de leurs produits de l'année ayant droit d'office à l'inscription à ces stud-books, recevront au moins la moitié des primes affectées à leur catégorie. Mais à défaut de sujets convenables ou en cas de présentations insuffisantes dans ces catégories spéciales, toutes les sommes disponibles seront distribuées dans la même circonscription, et au besoin dans les autres, aux poulains et pouliches et juments poulinières de race barbe, arabe, arabe-barbe, non inscrits au stud-book.

Dans le cas où le gouvernement général, les conseils généraux, les communes, les comices agricoles et les sociétés hippiques consacreraient des fonds à l'encouragement de la race chevaline en Algérie, ces fonds, s'ils étaient confiés au service des établissements hippiques, seraient remis aux commissions de primes pour être distribués dans la forme et aux époques prescrites par la présente instruction.

Art. 3. Pour la distribution des primes, chaque division militaire sera divisée en circonscriptions hippiques, délimitées exclusivement pour cet objet. (Modèle A.)

Art. 4. Les animaux admis à concourir sont : 1° les poulains entiers et les pouliches de race barbe, arabe, arabe-barbe, âgés de deux et trois ans aux herbes de l'année courante, issus des étalons de l'État et des étalons approuvés ou autorisés par le Ministre de l'agriculture ;

2° Les juments poulinières de même race, âgées de cinq ans au moins, pleines où suitées de leur produit de l'année issu d'un étalon de l'État ou d'un étalon de race barbe, arabe, arabe-barbe approuvé ou autorisé par l'État (guerre ou agriculture).

Ces animaux doivent appartenir, depuis trois mois au moins, à des éleveurs européens ou indigènes résidant sur le territoire de la circonscription.

Art. 5. Les propriétaires sont tenus de justifier : 1° de la durée de possession par un certificat du maire de la commune ou de l'autorité qui en remplit les fonctions. (Dans certains cas cependant la notoriété publique pourra tenir lieu de certificat);

2° De l'origine des produits, aussi bien pour les poulains et pouliches de deux et trois ans que pour ceux de l'année courante, par leur certificat de naissance, ou bien, pour ces derniers seulement, par la carte de saillie de la mère portant déclaration de naissance dûment certifiée.

Le certificat ou la déclaration de naissance pourront, toutefois, ne pas être exigés dans les circonscriptions hippiques de nouvelle création où les éleveurs, surtout indigènes, ne sont pas encore familiarisés avec les règles qui régissent les concours de primes; mais, à mérite égal, la priorité sera accordée aux propriétaires qui justifient de l'origine de leurs animaux.

Les propriétaires de pouliches de trois ans qui auront obtenu des primes de 150 ou 100 francs, seront invités à les faire saillir, l'année suivante, par un étalon de l'État ; si cette formalité est remplie et si la pouliche n'a pas démérité, elle pourra obtenir l'année suivante, à quatre ans, la répétition de la même faveur.

Le propriétaire qui produira de faux certificats de possession, d'origine ou de saillie, sera exclu de tout concours pendant trois ans.

Art. 6. Dans chaque division militaire, une commission sera chargée de distribuer les primes. Elle sera composée de la manière suivante :

1° Le commandant du dépôt de remonte ou le président du comité d'achats de la circonscription ;	*Président.*
2° Un officier acheteur de la circonscription ; 3° Un vétérinaire civil ou militaire ou, à défaut, un officier acheteur à titre temporaire ; 4° Un notable européen de la circonscription ; 5° Un notable indigène de la circonscription.	*Membres.*

Ces membres sont désignés par le gouverneur général.

Nul ne peut faire partie d'une commission, s'il présente un ou plusieurs animaux au concours.

Les officiers faisant partie de la commission de distribution de primes recevront l'indemnité de route prévue pour les membres des comités d'achat de chevaux payable sur les crédits de l'indemnité de route. (Déplacements spéciaux au service de la Remonte générale.)

Art. 7. Lorsque le directeur des établissements hippiques de l'Algérie et de la Tunisie assistera à un concours, il aura, de droit, la présidence de la commission et participera à ses délibérations.

Dans les chefs-lieux de circonscription hippique qui sont le siège d'une subdivision militaire, la présidence d'honneur de la commission sera déférée au général commandant la subdivision.

Art. 8. Si des circonstances imprévues réduisent les commissions, au moment d'opérer, au nombre de quatre membres, la voix du président est prépondérante ; une plus grande réduction du nombre des membres oblige les commissions à s'adjoindre des commissaires pris sur les lieux.

Art. 9. La commission se réunira successivement au chef-lieu de chaque circonscription hippique, aux époques de l'année qui seront les plus favorables, d'après un itinéraire qui sera soumis par le directeur des établissements hippiques de l'Algérie et de la Tunisie, à l'approbation du général commandant le 19e corps d'armée.

Cet itinéraire sera publié un mois à l'avance par les soins des autorités civiles ou militaires, suivant les territoires, et sera, en outre, affiché dans toutes les villes, communes ou centres européens et indigènes.

Art. 10. Le choix des animaux à primer sera fait par voie d'élimination.

Dans aucun cas, les primes ne pourront être scindées.

Les primes de 150 francs ne seront distribuées qu'aux animaux d'élite.

Les commissions jugent sans appel ; elles ne doivent primer que des animaux d'une valeur réelle, sans se croire obligées de délivrer toutes les primes attribuées à une circonscription. Si, faute de sujets méritants, les fonds accordés ne pouvaient trouver un utile et sérieux emploi dans un concours, les fonds non distribués seraient réservés. Ces fonds réservés pourraient être distribués dans d'autres circonscriptions où le nombre de sujets d'élite excéderait le nombre des primes allouées par la répartition.

Art. 11. La somme accordée à chaque division militaire sera ordonnancée, en temps utile, par le service de l'intendance.

Le commandant du dépôt de remonte, président de la commission de sa division militaire, percevra d'avance le montant des primes et en justifiera ultérieurement par les états d'émargement des sommes payées aux éleveurs primés.

Art. 12. Les primes seront payées publiquement, séance tenante, et, s'il est possible, en espèces, aux indigènes ; les parties prenantes en donneront quittance sur un état d'émargement (modèle B).

Cet état sera remis au payeur du Trésor à l'appui de la justification des fonds avancés et une copie conforme en sera remise au sous-intendant militaire qui a ordonnancé l'avance des fonds.

Les sommes non employées seront reversées au Trésor après la clôture des opérations.

Les reçus des parties prenantes pour les primes payées sur des fonds civils seront remis, comme pièces justificatives de l'emploi de ces fonds, à l'autorité civile de la circonscription où opère la commission.

Un certificat conforme au modèle C sera remis au propriétaire de l'animal primé.

Les commissions pourront délivrer exceptionnellement des certificats de mention honorable (modèle D) pour les animaux qui n'auraient pu être primés, en raison du chiffre limité de primes accordées à chaque circonscription.

Mais, pour les éleveurs indigènes qui ne comprennent pas la mention honorable sans une gratification quelconque, les commissions sont autorisées à donner avec la mention honorable une gratification de 20 ou 10 francs, lorsqu'il y aura des fonds non employés.

Les propriétaires seront prévenus qu'ils ont le plus grand intérêt à conserver ces certificats pour les présenter à la remonte lors de la vente.

Art. 13. A l'issue de chaque concours, les opérations de la commission sont constatées par un procès-verbal, rédigé séance tenante, en double expédition, par les soins du président (modèle E).

Ce procès-verbal indique le nombre des animaux présentés par sexes et par catégories, les appréciations sur l'ensemble de leurs qualités et de leur état d'entretien et, enfin, les signalements et l'origine des animaux primés ou mentionnés, et les noms et résidences de leurs propriétaires. Il est ensuite signé par tous les membres de la commission.

Une expédition sera déposée aux archives du dépôt de remonte pour être consultée au besoin.

L'autre expédition accompagnée d'un rapport du commandant du dépôt sur l'ensemble des opérations dans la division, sera adressée au directeur des établissements hippiques de l'Algérie et de la Tunisie. Cet officier supérieur résumera, dans un rapport d'ensemble, les opérations de distribution des primes dans les trois divisions militaires de l'Algérie et les observations ou demandes auxquelles elles auraient donné lieu. Ce rapport sera transmis au Ministre de la guerre par le général inspecteur général permanent des remontes avec ses observations.

Art. 14. Les imprimés divers prescrits par la présente instruction, ainsi que les affiches destinées à publier les conditions des concours et les itinéraires des commissions, seront fournis par les soins du directeur des établissements hippiques de l'Algérie et de la Tunisie et adressés, en temps utile, aux commandants des dépôts de remonte qui seront chargés d'en faire la répartition.

Les dépenses pour frais d'imprimés, d'emballage et de transport seront acquittées au titre des dépenses accessoires du service de la remonte générale.

Art. 15. Toutes les dispositions antérieures contraires à la présente instruction sont abrogées.

ANNEXE N° 4.

Fonctionnement du stud-book algérien.

Le Ministre de la guerre,

Vu l'arrêté organique du gouvernement général de l'Algérie, du 8 mars 1886, relatif à la création du stud-book algérien des chevaux de race barbe et ses dérivés ;

Vu l'arrêté du 22 novembre 1887, du gouvernement général de l'Algérie, constituant la commission chargée de l'examen des titres produits à l'appui des demandes formulées en vue de l'inscription d'animaux au registre du stud-book de la race barbe et de ses dérivés ;

Considérant que par note du 24 août 1888, M. le général commandant le 19e corps d'armée a, sur la proposition de M. le gouverneur général de l'Algérie en date du 11 août 1888, autorisé les officiers du service des établissements hippiques de l'Algérie, à prêter le concours qui leur a été demandé relativement au contrôle à exercer sur les animaux présentés pour l'inscription au stud-book algérien ainsi qu'au marquage des jeunes sujets inscrits chaque année ;

Vu l'instruction de 1888 de M. le gouverneur général de l'Algérie, concernant la tenue du stud-book, ainsi conçue :

« 1° Aucun produit issu d'animaux reproducteurs inscrits au stud-book algérien ne pourra y être admis qui si son propriétaire présente le certificat de naissance délivré par le service des établissements hippiques et visé dans le courant de l'année de la naissance, par l'officier acheteur de la circonscription qui contrôlera l'identité du jeune produit ;

» 2° Le soin de marquer ces sujets est confié au service de la remonte ; l'opération se fera dans le courant de la deuxième année de la naissance en présence d'un officier de la remonte, qui autorisera l'apposition de la marque sur l'encolure des jeunes sujets après s'être assuré à nouveau de l'identité.

» Ces dispositions doivent être appliquées dès cette année. Elles comportent la remise des certificats d'inscription et la marque des jeunes sujets nés en 1887, de parents inscrits. Cette double opération aura lieu en même temps que la distribution des primes d'encouragement à l'industrie chevaline. Par la même occasion, MM. les officiers visiteront les produits nés en 1888, de juments tracées au stud-book et viseront les certificats de naissance.

» MM. les maires et administrateurs, MM. les commandants supérieurs, maires des communes où existent des animaux inscrits au stud book, sont invités à prêter leur concours au personnel des établissements hippiques, pour lui faciliter l'accomplissement de la mission qui lui est confiée.

» Ces autorités devront aussi recommander de la manière la plus instante aux propriétaires de produits à marquer, ou de sujets susceptibles d'être inscrits au stud-book, de conduire leurs animaux sur le point de distribution de primes le plus rapproché de leur résidence ».

Considérant que le concours des officiers du service des établissements hippiques de l'Algérie a, jusqu'à ce jour, puissamment contribué à la réussite de l'institution du stud-book algérien et qu'il y a intérêt à réglementer la part active que ces officiers doivent apporter dans le fonctionnement de cette œuvre ;

Sur la proposition de M. le général, inspecteur général permanent des remontes,

Décide :

Art. 1er. Il sera tenu dans chaque établissement hippique de l'Algérie (dépôt, succursale et jumenterie) un contrôle par commune (modèle A) de tous les animaux inscrits au stud-book, appartenant aux éleveurs européens et indigènes de la circonscription.

Toutefois, le contrôle des dépôts sera général et recevra inscription de tous les animaux de sa division.

Ce contrôle sera divisé en deux chapitres :

Celui des femelles et celui des mâles ;

Il présentera le nom et l'adresse des propriétaires, le numéro et l'année de l'inscription, l'origine, le nom des animaux inscrits et la date de la marque à l'encolure ; pour les juments, une colonne spéciale indiquera si elles ont produit dans l'année, si elles ont avorté ou si elles sont restées vides.

Il sera tenu à jour au moyen du bulletin annuel de mutations des animaux inscrits, fourni par MM. les maires et administrateurs à M. le gouverneur général qui les communiquera au directeur des établissements hippiques.

Art. 2. Avant de se mettre en route pour la monte, chaque chef de station recevra annexé à son registre des saillies, le contrôle nominatif de toutes les poulinières inscrites au stud-book appartenant aux propriétaires de la contrée qu'il est appelé à desservir.

Ce contrôle (modèle B) indiquera le nom et l'adresse des propriétaires et les renseignements concernant la saillie de l'année précédente ; il servira à l'inscription de la naissance des produits et des saillies de l'année.

Art. 3. Les saillies des étalons des haras militaires seront consignées sur les certificats d'inscription des juments stud-bookées par les soins des commandants des dépôts de remonte et d'étalons.

Les juments inscrites ne devront être saillies que par des étalons inscrits au stud-book algérien ou français.

Art. 4. Les certificats de naissance des produits issus de mères inscrites et d'étalons de l'Etat, inscrits au stud-book algérien ou français, seront établis à l'encre rouge, par les commandants de dépôt de remonte et d'étalons et délivrés en échange de la carte de saillie portant déclaration de naissance dûment certifiée par le maire ou le chef de la station de monte de la commune.

Art. 5. Au cours de leur tournée de printemps et lors de toutes les circonstances qui le permettront, particulièrement la distribution des primes d'encouragement à la race chevaline, les commandants et officiers des établissements hippiques constateront l'identité, compléteront les signalements, et viseront les certificats de naissance des produits ayant droit à l'inscription, qui leur seront présentés.

Ils inscriront sur les certificats, les mutations portées à leur connaissance, et adresseront tous ces renseignements avec les pièces devenues inutiles aux commandants des dépôts chargés de les réunir dans chaque division pour les transmettre au directeur.

Art. 6. Après chaque concours de distribution de primes d'encouragement le chef d'escadrons, ou capitaine, président de la commission, procédera aux opérations suivantes :

1° Il portera sur l'état de proposition pour l'inscription après avoir constaté leur identité et avoir visé leur certificat de naissance, tous les produits de l'année qui y ont droit ;

2° Il constatera l'identité des produits dont l'inscription a été demandée l'année précédente, et remettra à leurs propriétaires le certificat d'inscription délivré par le gouvernement général en ayant soin de retirer le certificat de naissance qui restera déposé dans les archives du dépôt.

Il fera apposer sur le côté gauche de l'encolure la marque du stud-book au fer rougi au feu (un croissant surmonté d'une étoile) à tous les jeunes sujets de l'année dont l'identité et les droits à l'inscription auront été constatés.

Cette mesure a pour objet de ne pas permettre les échanges d'animaux de jeune âge qui peuvent se faire dans les tribus et qu'il serait impossible de reconnaître après un laps de temps de deux années écoulées si on devait seulement les marquer à cet âge.

Les certificats d'inscription des animaux qui auraient disparu depuis l'époque de la proposition seront conservés dans les dépôts jusqu'à la fin des concours de primes et retournés ensuite au gouvernement général par l'intermédiaire du colonel directeur, en même temps que le relevé de toutes les mutations recueillies depuis l'année précédente.

Art. 7. Après la clôture des concours de primes, les commandants des dépôts de remonte et d'étalons établissent l'état récapitulatif de propositions pour l'inscription au stud-book algérien des poulains et pouliches nés dans l'année, qu'ils auront marqués après en avoir vérifié l'identité et constaté les droits par leur visa sur le certificat de naissance.

Les animaux y seront groupés par commune.

Ces états, présentant tous les renseignements nécessaires à l'immatriculation, seront adressés au directeur des établissements hippiques qui les transmettra au gouvernement général.

ANNEXE N° 5.

Instruction ministérielle réglant le fonctionnement administratif et la comptabilité de la jumenterie de Tiaret.

CHAPITRE PREMIER.

BUT DE LA JUMENTERIE.

Art. 1er. La jumenterie de Tiaret est destinée à fournir aux dépôts d'étalons des reproducteurs de choix.

CHAPITRE II.

ORGANISATION.

Art. 2. La jumenterie comprend deux établissements distincts : L'établissement d'élevage et l'exploitation agricole.

Art. 3. Les effectifs et les différentes catégories d'animaux d'élevage ou de service à entretenir dans l'établissement d'élevage d'une part, et pour l'exploitation agricole d'autre part, sont fixés par décision ministérielle.

Art. 4. La composition du personnel en officiers, vétérinaires, cavaliers de remonte et employés civils est également fixée par décision ministérielle, d'une part pour l'établissement d'élevage, d'autre part pour l'exploitation agricole.

Le commandant de la jumenterie et l'officier comptable ont action sur l'exploitation agricole.

CHAPITRE III.

DIRECTION ET COMMANDEMENT.

Art. 5. Le fonctionnement technique, le service intérieur, la police et la discipline de ces établissements font l'objet de règlements ou de décisions ministérielles que complètent ou développent des instructions émanant du général inspecteur permanent des remontes et de l'officier supérieur, directeur des établissements hippiques de l'Algérie.

Art. 6. Les officiers du cadre de la jumenterie de Tiaret peuvent concourir en outre à la formation d'un comité d'achat fonctionnant au titre du dépôt de remonte de Mostaganem.

CHAPITRE IV.

LOCAUX

Art. 7. Les bâtiments sont tels qu'ils figurent aux états descriptifs délivrés par le service du génie et tenus contradictoirement au courant par ce service et celui de la remonte.

Les territoires attribués à la jumenterie sont tels qu'ils résultent des procès-verbaux de remise et de reprise dressés contradictoirement avec le service du génie et auxquels les plans authentiques nécessaires sont annexés.

CHAPITRE V.

ADMINISTRATION ET COMPTABILITÉ.

SECTION I.

COMITÉ D'ACHAT.

Art. 8. Le comité d'achat, formé, s'il y a lieu, par des officiers du cadre de la jumenterie de Tiaret, opère au titre du dépôt de remonte de Mostaganem. Son président reçoit des avances du commandant dudit dépôt et en justifie l'emploi envers le même officier, comme un commandant d'annexe de dépôt de remonte d'Algérie.

SECTION II.

PERSONNEL.

Art. 9. Les officiers sans troupe sont administrés par le sous-intendant militaire de Mascara au titre des officiers sans troupe. Les frais de bureau du commandant, en ce qui concerne l'établissement d'élevage, sont compris dans les mêmes ordonnancements que sa solde et régularisés par les mêmes revues.

Les hommes de troupe détachés des compagnies de cavaliers de remonte ou d'autres corps, ainsi que leurs officiers, sont administrés au titre de la 7e compagnie de cavaliers de remonte s'ils en font partie, ou pris en subsistance par le détachement de cette compagnie s'ils appartiennent à d'autres corps.

SECTION III.

MATÉRIEL.

§ 1. — *Établissement d'élevage.*

Art. 10. L'établissement d'élevage est administré au titre de la remonte générale et comporte une comptabilité distincte.

Art. 11. Le commandant de la jumenterie reçoit pour l'établissement d'élevage des avances distinctes dont il justifie distinctement.

Art. 12. Il tient, avec l'aide du personnel sous ses ordres, pour le personnel civil, pour les locaux, pour les animaux et leur nourriture, pour le matériel, pour la justification des avances, les pièces et les registres prescrits par les règlements sur la comptabilité publique, en ce qui concerne le département de la guerre, sur le casernement, sur la remonte générale, sur la comptabilité-matières, sur la solde et les revues.

Il ouvre les carnets auxiliaires qui lui sont nécessaires ou qui lui sont prescrits, notamment le registre contrôle et les carnets ou feuilles d'appel du personnel civil, le catalogue des décisions mentionnées aux articles 3, 4, 5, 13, 14, 27 de la présente instruction.

Art. 13. Le personnel militaire de l'établissement d'élevage reçoit des allocations spéciales résultant de dispositions réglementaires ou de décisions ministérielles spéciales cataloguées comme il est dit à l'article 12.

Art. 14. Les animaux sont nourris par le service des subsistances (fourrages) de la place de Tiaret.

Le taux des rations est fixé par le règlement sur les subsistances et par des décisions spéciales.

La régularisation des perceptions se fait sur revue spéciale, au titre de l'établissement d'élevage de la jumenterie de Tiaret.

Art. 15. Le montant des recettes effectuées directement par le commandant de l'établissement, comme le produit de la vente des fumiers et des dépouilles d'animaux morts, est reversé trimestriellement au Trésor, à la diligence du sous-intendant militaire, au titre des sommes destinées à être rétablies au crédit du département de la guerre.

Art. 16. Les constructions, améliorations et grosses réparations sont exécutées par le service du génie; l'entretien des bâtiments est assuré directement par le commandant de la jumenterie, en régie, à l'aide d'ouvriers militaires ou civils.

Les crédits nécessaires sont inscrits respectivement sous deux rubriques distinctes au chapitre « Remonte » du budget général du département de la guerre.

Ils sont demandés par l'établissement et mis à sa disposition comme il est dit aux articles 17 et 19 de la présente instruction.

Art. 17. Chaque année, dans le courant du mois de septembre, le commandant de la jumenterie adresse au Ministre en double expédition (une à la Direction du contrôle et une à la deuxième Direction), la première, par la voie du service de l'intendance et du général commandant le 19e corps d'armée, la seconde, par l'intermédiaire du directeur des établissements hippiques de l'Algérie et du général inspecteur permanent des remontes, un projet de budget pour l'exercice qui commence quinze mois plus tard.

Ce budget est conforme au modèle A ci-joint.

Dans une première partie, après avoir indiqué la composition du personnel affecté à l'établissement et, par catégorie, l'effectif des animaux qui y sont entretenus, il fait ressortir distinctement :

1° Les dépenses d'entretien du personnel militaire : solde et allocations diverses pour les officiers et les hommes de troupe et valeur des distributions en nature faites à ceux-ci ;

2° Les salaires du personnel civil;

3° La valeur des fourrages nécessaires à la nourriture de tous les animaux de l'établissement y compris les chevaux des officiers et des cadres ;

4° Les dépenses à prévoir pour travaux, réparties en deux catégories : constructions, améliorations et grosses réparations d'une part, entretien d'autre part;

5° Toutes les autres dépenses nécessaires au fonctionnement de l'établissement pendant l'année, réparties en autant de rubriques qu'il peut être nécessaire.

La valeur des vivres et des fourrages dont il est question sous les nos 1 et 3 ci-dessus est calculée par le sous-intendant militaire chargé de la vérification des comptes de l'établissement en prenant pour base le *prix réel* pratiqué dans la région, en année moyenne, pour chaque denrée.

Pour justifier les propositions de dépenses pour constructions, améliorations et grosses réparations, un avant-projet sommaire est étudié dans une conférence ouverte sans autorisation préalable dans le courant de juillet entre le commandant de la jumenterie, le sous-intendant militaire et le chef du génie. Le soin d'arrêter l'état des améliorations et extensions à soumettre au Ministre est réservé au directeur des établissements hippiques, auquel le commandant de la jumenterie doit adresser en temps voulu ses propositions à cet égard.

Les travaux ainsi admis tout d'abord par le directeur des établissements hippiques doivent seuls figurer à l'avant projet sommaire. Une expédition de cet avant-projet est jointe à chacune des expéditions du projet de budget.

Une troisième expédition est adressée par le chef du génie au Ministre (4e Direction) par la voie du service du génie qui, à ses divers échelons, y consigne son avis technique. Cette expédition ainsi apostillée doit parvenir au Ministre, au plus tard à la fin du mois de septembre. La 4e direction fait connaître alors aux directions de la cavalerie et du contrôle si elle approuve, au point de vue technique, les projets préparés, et si elle estime que les devis sont exacts.

Dans une deuxième partie, le budget fait ressortir les recettes à prévoir, soit sous forme d'encaissements réalisés directement par l'établissement (fumiers et dépouilles), lesquelles doivent être reversées au Trésor comme il est dit à l'article 15, soit sous forme de recettes procurées au Trésor (ventes d'issues, cessions au Domaines ou à des services de la guerre, etc...).

Pour mémoire, on indique dans cette deuxième partie, en les distinguant par catégories, le nombre de chevaux que l'établissement livrera à la remonte pendant l'année considérée.

En regard de chaque chiffre du budget on inscrit dans la colonne *ad hoc* le chiffre correspondant du budget précédent et, dans la colonne observations, on indique les causes des différences.

Art. 18. Le budget est accompagné d'un rapport établi par le commandant et revêtu de l'avis du sous-intendant donnant les explications nécessaires à l'appréciation de chaque rubrique de recettes ou de dépenses et développant, quand il y a lieu les raisons données pour expliquer les augmentations ou les diminutions par rapport au budget précédent.

Art. 19. L'approbation du budget par le Ministre de la guerre comporte autorisation de dépense et permet l'ordonnancement des mandats directs et des mandats d'avances par le sous-intendant militaire.

Il en est délivré une ampliation au sous-intendant militaire et au chef du génie, chacun en ce qui le concerne, par les soins des directions de l'Administration centrale auxquelles ils ressortissent respectivement.

Les dépenses pour constructions, améliorations et grosses réparations sont mandatées par le sous-intsndant au profit des entrepreneurs sur production des décomptes définitifs dressés par le service du génie.

Art. 20. Il pourra exceptionnellement et en cas d'absolue nécessité être présenté à toute époque de l'année, dans les mêmes formes, un budget supplémentaire ou complémentaire.

Art. 21. En même temps que le projet de budget pour l'exercice commençant quinze mois plus tard, l'établissement adresse au Ministre (Direction du contrôle) le compte de l'exercice qui a pris fin pendant l'année courante.

Ce compte (mod. B) est établi dans la même forme que le budget.

Il présente par rubrique du budget l'ensemble des opérations réellement effectuées telles qu'elles ressortent de la comptabilité du commandant de la jumenterie et de la comptabilité des fonds du sous-intendant militaire. Pour chaque rubrique, la prévision budgétaire est inscrite dans la colonne *ad hoc* à côté du chiffre réalisé; les restes à payer ou à recouvrer ressortent en regard et toutes les explications nécessaires sont inscrites dans la colonne observations.

Les prix à attribuer aux denrées pour l'établissement du compte sont fixés par le sous-intendant chargé de la vérification des comptes de l'établissement; ce sont les prix réellement pratiqués dans la région pendant l'année considérée : par exemple les prix des marchés conclus par l'Administration militaire pour les denrées qui, pendant l'année, ont fait l'objet de *marchés de livraison*.

Art. 22. Le compte est accompagné d'un rapport explicatif établi par le commandant et revêtu de l'avis du sous-intendant comparant les chiffres réalisés avec les prévisions budgétaires, donnant tous les renseignements nécessaires pour permettre d'apprécier la gestion de l'exercice écoulé, et faisant ressortir les enseignements à en tirer pour l'avenir.

Art. 23. En même temps que le compte, le commandant adresse un bilan (mod. C) faisant apparaître, par état descriptif ou par nomenclature, l'inventaire estimatif sommaire, au 31 décembre de l'annés écoulée, de toutes les richesses de nature quelconque possédées par l'Etat dans l'établissement d'élevage, mettant en évidence les dettes et les créances à la clôture du compte de l'exercice, et résumant le résultat de l'exercice par rapport au résultat ressortant du bilan de l'année précédente.

§ 2. — *Exploitation agricole.*

Art. 24. L'exploitation agricole est administrée au compte du Service des subsistances (fourrages) et comporte une comptabilité distincte.

Art. 25. Le commandant de la jumenterie reçoit sur le budget des fourrages, pour l'exploitation agricole, des avances distinctes dont il justifie distinctement.

Art. 26. Les dispositions des articles 12, 13, 14, 15, 16, 17, 18, 19, 20, 21, 22 et 23 ci-dessus, sont applicables à l'exploitation agricole, sous la réserve des quelques modifications évidentes qui tiennent à la nature de chacun des deux établissements.

Les animaux à nourrir par le service des fourrages au titre de l'exploitation agricole comprennent, indépendamment de ceux possédés par l'établissement, les mulets détachés des dépôts de remonte ou des corps de troupe, s'il y en a; à cet effet, ces derniers sont pris en subsistance par l'exploitation agricole.

Le personnel qui figure en tête du projet de budget de la ferme est celui qui est spécialement et exclusivement affecté à cet établissement; celui qui, tout en appartenant en principe à l'établissement d'élevage est en outre employé partiellement à l'exploitation agricole, est simplement rappelé pour mémoire avec la mention « appartient à l'établissement d'élevage.

La deuxième partie du budget et du compte (Recettes) contient comme rubriques principales les versements que fait l'établissement au service des subsistances de la place (art. 274), versements qui constituent une importante recette pour le Trésor (art. 30).

Art. 27. Les produits de l'exploitation agricole sont versés au service des subsistances (vivres et fourrages, suivant le cas), lequel les prend en charge à leur valeur réelle qui est calculée d'après des prix fixés par le sous-intendant chargé de la vérification des comptes de l'établissement comme il est dit à l'article 21.

Ce fonctionnaire constate d'office les quantités, dresse en temps utile les procès-verbaux de ses constatations, établit les certificats administratifs et assure les prises en charge correspondantes.

Art. 28. Sont exceptés de cette opération les produits des jardins régulièrement affectés aux divers personnels et aux détachements.

Des versements en nature gratuits à l'ordinaire des détachements peuvent aussi être autorisés par le Ministre, par prélèvement sur les produits de l'exploitation agricole.

Art. 29. Les dépenses d'emmeulage, d'emmagasinage, de conservation et de distribution des denrées à consommer par la jumenterie sont à la charge de l'exploitation agricole. Cette partie du service des fourrages est assurée par le personnel de la jumenterie.

Art. 30. Les produits ou issues qui ne sont pas employés au service de l'exploitation agricole et qui ne peuvent pas être repris par le service des subsistances ou tout autre service de la Guerre sont livrés aux Domaines.

Art. 31. En fin d'année, tous les certificats administratifs justifiant les prises en charge par le service des subsistances des produits de l'exploitation agricole, sont adressés au Ministre (5e Direction, bureau des subsistances), qui ordonnance au profit du Trésor la valeur de toutes les cessions faites au service des subsistances par l'exploitation agricole.

Ces sommes, et aussi celles qui proviennent des ventes par le Domaine, sont inscrites dans les annexes du budget du Ministère de la Guerre aux « Recettes que le Département procure au Trésor ».

A Paris, le 23 septembre 1898.

Le Ministre de la guerre.

Pour le Ministre :

Le Secrétaire général,
Signé : GRAS.

ANNEXE N° 6

Circulaire relative aux dépenses imputables à l'article 5 du chapitre 31. Déplacements spéciaux du service de la remonte générale.

Paris, le 23 juin 1900.

Dans le but de parer aux divergences d'interprétation qui pourraient se produire, à l'occasion de l'application des dispositions de la circulaire ministérielle du 5 décembre 1899, relative à l'ordonnancement et au règlement des dépenses du chapitre 31, le Ministre fixe ainsi qu'il suit les dépenses imputables à l'article 5 du dit chapitre (Déplacements spéciaux du service de la remonte générale) classées sous les trois rubriques suivantes :

A) Commissions de classement des chevaux et mulets ;

B) Frais de déplacement des officiers de la remonte générale ;

C) Indemnités de déplacement aux vétérinaires principaux chargés de missions permanentes.

A) Commissions de classement des chevaux et mulets.

On imputera sur les crédits de cette rubrique toutes les indemnités prévues par les circulaires ministérielles sur le classement des chevaux, mulets et voitures attelées.

B) Frais de déplacement des officiers et vétérinaires de la remonte générale.

Seront imputées sur cette rubrique les indemnités afférentes aux déplacements :

1° Des officiers membres des comités d'achat de chevaux ;

2° Des officiers du service de la remonte, en tournée d'exploration ou faisant partie des concours régionaux ;

3° Des sous-officiers secrétaires des comités d'achat ;

4° Des cavaliers de remonte en conduite des chevaux des lieux d'achat sur les dépôts de remonte ou les annexes ;

5° Des cavaliers demandés exceptionnellement par les commandants des dépôts de remonte pour la conduite des chevaux d'un dépôt de remonte à une annexe ;

6° Des cavaliers chargés de la conduite des étalons aux stations de monte en Algérie et en Tunisie ;

7° Des officiers de la remonte chargés de visiter en Algérie et en Tunisie les étalons en station ou en route.

D'autre part seront payées sur l'article 1er du chapitre 31 :

Au titre du § 1er, les indemnités de déplacement des généraux inspecteur et inspecteur adjoint des remontes;

Au titre du § 2, les indemnités de déplacement des officiers attachés à l'inspection permanente des remontes, des commandants de circonscription de remonte et du directeur des établissements hippiques de l'Algérie et de la Tunisie;

Au titre du § 3, l'indemnité ordinaire de route attribuée pour le trajet d'aller sans chevaux, aux cavaliers allant chercher des chevaux dans les dépôts de remonte pour les ramener à leurs corps et au titre du § 4, cette même indemnité pour le trajet de retour avec chevaux. (Position 8 du tableau 2 annexé au décret du 15 décembre 1898.)

C) Indemnités de déplacement aux vétérinaires principaux chargés de missions permanentes.

Sur cette rubrique, on imputera les indemnités dues à ces vétérinaires pour leurs tournées d'inspection, ainsi que pour les missions éventuelles dont ils seront chargés, soit par le Ministre, soit par les généraux commandant les corps d'armée.

Dans le cas où, antérieurement à la publication de la présente circulaire, des dépenses d'indemnités de déplacement auraient été imputées indûment à l'une des trois rubriques de l'article 5 du chapitre 31, elles devraient être reportées par les soins des directeurs du service de l'intendance aux articles et paragraphes dudit chapitre auxquels elles incomberaient régulièrement.

MODÈLES DES ÉTATS

prévus dans l'Instruction sur le service des remontes et des haras en Algérie et en Tunisie.

(1re ET 2e PARTIES)

Ces états sont catalogués dans une série de numéros de 1 à 32 inclus.

Les imprimés modèles nos 9, 10 et 15 sont fournis par l'administration centrale de la guerre.

Le modèle 25 sera payé sur les frais de bureau du vétérinaire chef de service.

Les modèles 26, 27, 28, 29, 31 et 32 seront payés sur les fonds accessoires du service de la remonte.

Tous les autres modèles sont imputables, selon le cas, sur les frais de bureau du directeur des établissements hippiques ou du commandant de dépôt de remonte.

Art. 5 du règlement.

Modèle n° 1.

ÉTABLISSEMENTS HIPPIQUES DE L'ALGÉRIE ET DE LA TUNISIE.

Dépot de remonte d

RAPPORT du mois de 190 .

Nota. — Ce rapport est envoyé par le commandant de chaque dépôt au directeur des établissements hippiques pour servir à l'établissement en double expédition d'un rapport d'ensemble à adresser le 10 de chaque mois, au plus tard, au Ministre de la guerre (Bureau des Remontes) par l'intermédiaire de M. le général commandant le 19e corps d'armée et au général inspecteur général permanent des remontes. (Art. 5 du reglement.)

***RÉCAPITULATION** des achats effectués par les comités du dépôt pendant le mois d   190 .*

COMITÉS DE	ÉTALONS.	CHEVAUX de tête.	CHEVAUX de troupe.	MULETS.	POULAINS.	TOTAL DES ACHATS.	AJOURNÉS.	REFUSÉS pour le prix.	REFUSÉS par la remonte.	TOTAL des animaux présentés.	CLASSEMENT du COMMANDANT du dépôt. Bons.	Passables.	Non appréciés.	Total égal aux achats.	OBSERVATIONS.
TOTAUX.........															
Prix moyens. { Etalons..															
Prix moyens. { Remonte.															

***DIVISION** des achats par provenance, par âge et par sexe.*

COMITÉS DE	ACHATS aux éleveurs.	ACHATS au commerce.	AGE des ANIMAUX. De 2 à 3 ans.	De 4 ans.	De 5 ans et au-dessus.	SEXE. Etalons.	Chevaux.	Juments.	Mulets.		Poulains.	TOTAUX.	OBSERVATIONS.
TOTAUX.........													

MOUVEMENTS ordonnés entre le dépôt central et les comités d'achat pendant le mois d   190 .

HOMMES.		
DÉPOTS OU COMITÉS.	NOMBRE.	MOTIFS QUI ONT NÉCESSITÉ CES MOUVEMENTS.

CHEVAUX ET MULETS DE REMONTE.		
DÉPOTS OU COMITÉS.	NOMBRE.	MOTIFS QUI ONT MOTIVÉ CES MOUVEMENTS.

COMITÉ D

Tournées et séances d'achat pendant le mois d 190 .

DÉPART.		NOMBRE DE KILOMÈTRES PARCOURUS.	ARRIVÉE.		NOMBRE DE CHEVAUX PRÉSENTÉS.	CHEVAUX et MULETS				FRAIS de TOURNÉES			MOYENNE PAR CHEVAL DES FRAIS ACCESSOIRES.	OBSERVATIONS.
								refusés						
DATES.	LIEUX.		DATES.	LIEUX.		achetés.	ajournés.	pour le prix.	par la remonte.	aux officiers.	aux cavaliers.	Total.		
SÉANCES A L'ÉTABLISSEMENT.														
Pendant le mois d														
TOTAUX														

***ANALYSE** raisonnée des opérations d'achat, des observations recueillies sur la production, l'élevage et la manière de servir de MM. les officiers.*

Opérations d'achat et observations recueillies sur la production et l'élevage...

Manière de servir de MM. les officiers............

COMITÉ DE

Tournées et séances d'achat pendant le mois d 190 .

DÉPART.		NOMBRE DE KILOMÈTRES PARCOURUS.	ARRIVÉE.		NOMBRE DE CHEVAUX PRÉSENTÉS.	CHEVAUX et MULETS				FRAIS de TOURNÉES			MOYENNE PAR CHEVAL DES FRAIS ACCESSOIRES.	OBSERVATIONS.
								refusés						
DATES.	LIEUX.		DATES.	LIEUX.		achetés.	ajournés.	pour le prix.	par la remonte.	aux officiers.	aux cavaliers.	Total.		
SÉANCES A L'ÉTABLISSEMENT.														
Pendant le mois d .														
TOTAUX...........														

ANALYSE raisonnée des opérations d'achat, des observations recueillies sur la production, l'élevage et la manière de servir de MM. les officiers.

Opérations d'achat et observations recueillies sur la production et l'élevage...	
Manière de servir de MM. les officiers.............	

GAINS.	PERTES.
Chevaux de MM. les officiers....	
Chevaux et mulets de remonte.	
Chevaux castrés.	
Poulains........	
Etalons.........	

DÉCOMPOSITION de l'effectif des animaux présents à la date du 190 .

CHEVAUX DE REMONTE	(A)		(A)		(A)		TOTAUX.	
	[illegible]	[illegible]	[illegible]	[illegible]	[illegible]	[illegible]	[illegible]	[illegible]
Élèves-Étalons								
Pour remonter les officiers sans troupe et gendarmerie								
Malades à l'infirmerie								
Convalescents ou indisponibles								
De service								
Dont le départ est provoqué { Intérieur								
Dont le départ est provoqué { Algérie								
Restant disponibles { Intérieur								
Restant disponibles { Algérie								
A castrer								

Castrés pour les officiers d'infanterie		De 4 ans et au-dessus.	De 3 ans et au-dessous.	TOTAUX.
Reste des castrés de 190 .	Disponibles et pouvant remonter les officiers d'infanterie			
	Disponibles mais hors d'âge et tarés, à verser dans le rang			
	TOTAUX des disponibles en 190 .			
	Indisponibles ou convalescents par suite de l'opération de la castration			
	Indisponibles pour maladies internes et causes diverses			
	TOTAUX des castrés en 190 .			
Reste des castrés en 190 .	Disponibles et pouvant remonter les officiers d'infanterie			
	Disponibles mais hors d'âge et tarés, à verser dans le rang			
	TOTAUX des disponibles en 190 .			
	Indisponibles ou convalescents par suite de l'opération de la castration			
	Indisponibles pour maladies internes et causes diverses			
	TOTAUX des castrés en 190 .			
Castrés pour les officiers des affaires indigènes				

	(A)		(A)		(A)		TOTAUX.	
TOTAUX								
TOTAUX GÉNÉRAUX								
MULETS { Malades à l'infirmerie								
MULETS { Convalescents ou maigres à rétablir								
MULETS { Pour le service des comités d'achats								
MULETS { Dont le départ est provoqué								
MULETS { Restant disponibles								
TOTAUX								
ÉTALONS { Malades à l'infirmerie								
ÉTALONS { Disponibles dans les établissements								
ÉTALONS { Disponibles faisant la monte { Aux établissements								
ÉTALONS { Disponibles faisant la monte { La station de monte								
TOTAUX								
EFFECTIF GÉNÉRAL								

(A) Indiquer le nom de l'établissement où se trouvent les animaux.

OBSERVATIONS GÉNÉRALES.

État sanitaire des hommes.	
État sanitaire des chevaux.	
Castration................	
Service et discipline.......	
Service de la monte.......	
Pièces transmises.........	Un bulletin d'achat. — États signalétiques de livraisons aux corps et aux officiers à titre gratuit.

OBSERVATIONS ET DEMANDES.

A , le 190 .

Le commandant le dépôt.

MINISTÈRE
DE LA GUERRE.

2e DIRECTION.

CAVALERIE.

Bureau des Remontes.

REMONTE GÉNÉRALE.

PERSONNEL.

DÉPOT D

MODÈLE 2.

Art. 7 de l'Instruction.

2 expéditions à adresser le 10 du mois au plus tard : 1 au Ministre (Bureau des remontes), 1 au directeur des établissements hippiques.

SITUATION nominative de MM. les officiers, vétérinaires et sous-officiers comptables à l'époque du 1er 190 faisant connaître les mutations survenues parmi eux pendant le mois précédent.

POSITIONS DES OFFICIERS et sous-officiers.	DÉSIGNATION des corps.	NOMS et prénoms.	GRADES et fonctions.	DÉCORATIONS.	EMPLACEMENT.	MUTATIONS.
OFFICIERS.						
Colonel ou lieut.-col. direct. des établissements hippiques.						
Commandant de l'établissement.........						
Officiers acheteurs à titre permanent ...						
Officiers acheteurs à titre temporaire ou membres suppléants						
Officier comptable...						
Vétérinaires						
e compagnie de cavaliers de remonte.						

Art. 5 du règlement.

MODÈLE N° 1.

ÉTABLISSEMENTS HIPPIQUES DE L'ALGÉRIE ET DE LA TUNISIE.

DÉPOT DE REMONTE D

RAPPORT DU MOIS DE 190 .

NOTA. — Ce rapport est envoyé par le commandant de chaque dépôt au directeur des établissements hippiques pour servir à l'établissement en double expédition d'un rapport d'ensemble à adresser le 10 de chaque mois, au plus tard, au Ministre de la guerre (Bureau des Remontes) par l'intermédiaire de M. le général commandant le 19e corps d'armée et au général inspecteur général permanent des remontes. (Art. 5 du règlement.)

***RÉCAPITULATION** des achats effectués par les comités du dépôt pendant le mois d   190 .*

COMITÉS DE	ÉTALONS.	CHEVAUX de tête.	CHEVAUX de troupe.	MULETS.	POULAINS.	TOTAL DES ACHATS.	AJOURNÉS.	REFUSÉS pour le prix.	REFUSÉS par la remonte.	TOTAL des animaux présentés.	CLASSEMENT du COMMANDANT du dépôt. Bons.	Passables.	Non appréciés.	Total égal aux achats.	OBSERVATIONS.
TOTAUX.........															
Prix moyens. { Étalons ..															
Prix moyens. { Remonte .															

***DIVISION** des achats par provenance, par âge et par sexe.*

COMITÉS DE	ACHATS aux éleveurs.	ACHATS au commerce.	AGE des ANIMAUX. De 2 à 3 ans.	De 4 ans.	De 5 ans et au-dessus.	SEXE. Étalons.	Chevaux.	Juments.	Mulets.		Poulains.	TOTAUX.	OBSERVATIONS.
TOTAUX.........													

MOUVEMENTS ordonnés entre le dépôt central et les comités d'achat pendant le mois d   190 .

HOMMES.		
DÉPOTS OU COMITÉS.	NOMBRE.	MOTIFS QUI ONT NÉCESSITÉ CES MOUVEMENTS.

CHEVAUX ET MULETS DE REMONTE.		
DÉPOTS OU COMITÉS.	NOMBRE.	MOTIFS QUI ONT MOTIVÉ CES MOUVEMENTS.

COMITÉ D

Tournées et séances d'achat pendant le mois d 190 .

DÉPART.		NOMBRE DE KILOMÈTRES PARCOURUS.	ARRIVÉE.		NOMBRE DE CHEVAUX PRÉSENTÉS.	CHEVAUX et MULETS				FRAIS de TOURNÉES			MOYENNE PAR CHEVAL DES FRAIS ACCESSOIRES.	OBSERVATIONS.
						achetés.	ajournés.	refusés						
DATES.	LIEUX		DATES.	LIEUX.				pour le prix.	par la remonte.	aux officiers.	aux cavaliers.	Total.		
SÉANCES À L'ÉTABLISSEMENT.														
Pendant le mois d														
TOTAUX														

***ANALYSE** raisonnée des opérations d'achat, des observations recueillies sur la production, l'élevage et la manière de servir de MM. les officiers.*

Opérations d'achat et observations recueillies sur la production et l'élevage...

Manière de servir de MM. les officiers............

COMITÉ DE

Tournées et séances d'achat pendant le mois d 190 .

DÉPART.		NOMBRE DE KILOMÈTRES PARCOURUS.	ARRIVÉE.		NOMBRE DE CHEVAUX PRÉSENTÉS.	CHEVAUX et MULETS				FRAIS de TOURNÉES			MOYENNE PAR CHEVAL DES FRAIS ACCESSOIRES.	OBSERVATIONS.
								refusés						
DATES.	LIEUX.		DATES.	LIEUX.		achetés.	ajournés.	pour le prix.	par la remonte.	aux officiers.	aux cavaliers.	Total.		
SÉANCES A L'ÉTABLISSEMENT.														
Pendant le mois d .														
TOTAUX.														

***ANALYSE** raisonnée des opérations d'achat, des observations recueillies sur la production, l'élevage et la manière de servir de MM. les officiers.*

Opérations d'achat et observations recueillies sur la production et l'élevage...

Manière de servir de MM. les officiers.............

GAINS.		PERTES.
Chevaux de MM. les officiers....		
Chevaux et mulets de remonte.		
Chevaux castrés.		
Poulains........		
Etalons.........		

DÉCOMPOSITION de l'effectif des animaux présents à la date du 190 .

CHEVAUX DE REMONTE.	(A)		(A)		(A)		TOTAUX.	
	[illegible]	[illegible]	[illegible]	[illegible]	[illegible]	[illegible]	[illegible]	[illegible]
Élèves-Étalons								
Pour remonter les officiers sans troupe et gendarmes								
Malades à l'infirmerie								
Convalescents ou indisponibles								
De service								
Dont le départ est provoqué — Intérieur								
Dont le départ est provoqué — Algérie								
Restant disponibles — Intérieur								
Restant disponibles — Algérie								
A castrer								

Castrés pour les officiers d'infanterie.			De 4 ans et au-dessus.	De [illegible] ans et au-dessous.	[illegible]
Reste des castrés de 190 .	Disponibles et pouvant remonter les officiers d'infanterie				
	Disponibles mais hors d'âge et tarés, à verser dans le rang				
	TOTAUX des disponibles en 190 .				
	Indisponibles ou convalescents par suite de l'opération de la castration				
	Indisponibles pour maladies internes et causes diverses				
	TOTAUX des castrés en 190 .				
Reste des castrés en 190 .	Disponibles et pouvant remonter les officiers d'infanterie				
	Disponibles mais hors d'âge ou tarés, à verser dans le rang				
	TOTAUX des disponibles en 190				
	Indisponibles ou convalescents par suite de l'opération de la castration				
	Indisponibles pour maladies internes et causes diverses				
	TOTAUX des castrés en 190 .				
Castrés pour les officiers des affaires indigènes					

	(A)		(A)		(A)		TOTAUX.	
TOTAUX								
TOTAUX GÉNÉRAUX								

		(A)	(A)	(A)	TOTAUX.
MULETS	Malades à l'infirmerie				
	Convalescents ou malgré à rétablir				
	Pour le service des comités d'achats				
	Dont le départ est provoqué				
	Restant disponibles				
TOTAUX					
ÉTALONS	Malades à l'infirmerie				
	Disponibles dans les établissements				
	Disponibles faisant la monte — Aux établissements				
	Disponibles faisant la monte — En station de monte				
TOTAUX					
EFFECTIF GÉNÉRAL					

(A) Indiquer le nom de l'établissement où se trouvent les animaux.

OBSERVATIONS GÉNÉRALES.

État sanitaire des hommes.	
État sanitaire des chevaux.	
Castration................	
Service et discipline.......	
Service de la monte.......	
Pièces transmises.........	Un bulletin d'achat. — États signalétiques de livraisons aux corps et aux officiers à titre gratuit.

OBSERVATIONS ET DEMANDES.

A , le 190 .

Le commandant le dépôt.

MINISTÈRE
DE LA GUERRE.

2e DIRECTION.

CAVALERIE.

Bureau des Remontes.

REMONTE GÉNÉRALE.

PERSONNEL.

DÉPOT D

MODÈLE 2.

Art. 7 de l'Instruction.

2 expéditions à adresser le 10 du mois au plus tard : 1 au Ministre (Bureau des remontes), 1 au directeur des établissements hippiques.

SITUATION nominative de MM. les officiers, vétérinaires et sous-officiers comptables à l'époque du 1er 190 faisant connaître les mutations survenues parmi eux pendant le mois précédent.

POSITIONS DES OFFICIERS et sous-officiers.	DÉSIGNATION des corps.	NOMS et prénoms.	GRADES et fonctions.	DÉCORATIONS.	EMPLACEMENT.	MUTATIONS.
OFFICIERS.						
Colonel ou lieut.-col. direct. des établissements hippiques.						
Commandant de l'établissement........						
Officiers acheteurs à titre permanent ...						
Officiers acheteurs à titre temporaire ou membres suppléants						
Officier comptable...						
Vétérinaires						
e compagnie de cavaliers de remonte.						

SITUATION NUMÉRIQUE DU PERSONNEL AU 1er DU MOIS D 190 .

OFFICIERS hors cadres ou détachés des corps pour le service de la remonte, vétérinaires.

GRADES	EFFECTIF. au 1er jour du mois précédent.	Gain.	Total.	Pertes.	RESTE.	PRÉSENTS au dépôt.	à	à	aux hôpitaux.		POSITION. Hors cadres.	Détachés.	CHEVAUX d'officiers. À l'État.	Aux officiers.	OBSERVATIONS.
Colonel															
Lieutenant-colonel															
Chef d'escadrons															
Capitaines															
Lieutenants															
Sous-Lieutenants															
Vétérinaires															
TOTAL															
Sous-officiers détachés des corps de cavalerie.															

Compagnie de cavaliers de remonte.

DÉSIGNATION DES GRADES.	PRÉSENTS au dépôt.	à	à	en station de monte.		Total.	ABSENTS. En conduite.	À l'hôpital.	En congé.	Détaché isolément.	Total.	Effectif.	Chevaux. À l'État.	aux officiers.
Capitaine commandant														
Lieutenant en 1er														
Lieutenant en 2e														
Sous-lieutenant														
TOTAL														
Adjudant sous-officier														
Maréchal des logis chef														
Maréchaux des logis														
Maréchal des logis 1er maître maréchal ferrant														
Maréch. des log. fourriers														
Brigadiers fourriers														
Brigadiers														
Cavaliers ouvriers. de 1re classe.														
Cavaliers ouvriers. de 2e classe.														
Cavaliers de rang. de 1re classe.														
Cavaliers de rang. de 2e classe.														
Trompettes														
TOTAL														
TOTAL général														
Hommes en subsistance														

DÉTAIL.	BALANCE de l'effectif. Officiers.	Sous-officiers.		Brigadiers fourriers.	Brigadiers.	Cavaliers ouvriers.	Cavaliers de 1re cl.	Cavaliers de 2e cl.	Trompettes.	Total de la troupe.
Effectif au 1er du mois précédent										
Gains.										
Ensemble										
Pertes.										
Total de la diminution										
Effectif au 1er de ce mois										

Effectif total et emplacement de la compagnie.

EMPLACEMENTS.	OFFICIERS.	TROUPE.	HOMMES en subsistance.	ENFANTS DE TROUPE.
TOTAUX				

Détachements régimentaires.

DÉSIGNATION DES CORPS ET DES GRADES.										PRÉSENTS.						ABSENTS.						Effectif.		Chevaux d'officier appartenant		OBSERVATIONS.
DES CORPS.	Officiers			Troupe.						au dépôt.		à		à		en conduite.		à l'hôpital.								
	Capitaines.	Lieutenants.	Sous-lieutenants.	Maréchaux des logis.	Brigadiers fourriers.	Brigadiers.	Cavaliers de 1re cl.	Cavaliers de 2e cl.	Total.	Officiers.	Troupe.	Officiers.	Troupe.	Officiers.	Troupe.	Officiers.	Troupe.	Officiers.	Troupe.	Officiers.	Troupe.	Officiers.	Troupe.	à l'État.	aux officiers.	
Officiers..................																										
Troupe....................																										
En subsistance...........																										
TOTAUX.......																										

Récapitulation.

	OFFICIERS.								TROUPE.															Nombre d'animaux présents à l'établissement.				
	Colonel.	Lieutenant-colonel.	Chef d'escadrons.	Capitaines.	Lieutenants.	Sous-lieutenants.	Vétérinaires.	Total.	Adjudants.	Maréchal des logis chef.	Maréchaux des logis.	Maréchal des logis maître maréchal ferrant.	Maréchal des logis fourriers.	Brigadiers fourriers.	Brigadiers.	Cavaliers ouvriers de 1re cl.	Cavaliers ouvriers de 2e cl.	Cavaliers de rang de 1re cl.	Cavaliers de rang de 2e cl.	Trompettes.	Total.	Total général.	Enfants de troupe.	Chev. d'off. appartenant à l'État.	Chevaux appartenant aux offic.	Chevaux et mulets.	Poulains.	Étalons.
Hors cadres..............																												
Détachés pour le service de la remonte.........																												
Cavaliers de remonte.....																												
Détachements régimentaires..................																												
En subsistance...........																												
TOTAUX.....																												

NOTES RELATIVES AU PERSONNEL.

SERVICE DES ÉCURIES.

SERVICE PENDANT LA ROUTE POUR LA CONDUITE DES CHEVAUX

OBSERVATIONS GÉNÉRALES

Fait à , le 1er 190

Le Commandant de l'établissement

DÉPOT DE REMONTE
de

NOTA. — Ce bulletin doit être adressé au Ministre par chaque dépôt les 1er et 16 de chaque mois sans lettre d'envoi. Une copie est adressée au directeur des établissements hippiques de l'Algérie et de la Tunisie.

REMONTE GÉNÉRALE.

BULLETIN d'achats du ____ *au* 190 .

BULLETIN N° .

MODÈLE N° 3.

Art. 13 de l'instruction.

ACHATS.

	Chevaux de légère. Tête.	Chevaux de troupe et mulets	Artillerie, génie, équipages.			Étalons.	Total général.
		Légère.	Selle.	Mulets.	Total de la troupe.		
Achetés dans la dernière quinzaine							
Suivant les bulletins précédents les achats étaient de							
TOTAL							
Augmentation. 1° Chevaux changés d'armes							
2°							
3°							
TOTAL							
Diminution. 1° Chevaux changés d'armes							
2°							
3°							
4°							
TOTAL							
Toute compensation faite, les achats doivent être considérés comme étant de							(A)
Les ordres d'achat étant de							
Reste à acheter							
Achetés en plus							
Prix moyen des chevaux achetés depuis le 1er janvier							
Chevaux cédés à titre onéreux: aux officiers							
aux gendarmes							
à la marine ou aux colonies							
aux spahis							

RENSEIGNEMENTS PARTICULIERS

Chevaux de tête et de troupe disponibles d'après le présent bulletin.

	de tête.	de troupe.
Légère		
TOTAL		
Chevaux à livrer d'après les ordres du Ministre		
Il reste disponible		
Il manque		

Il a été ajouté aux ordres primitifs d'achats :

(A) Chevaux qui ont coûté » »

IIe PARTIE. — EMPLOI DES CRÉDITS.

	NOMBRE D'ANIMAUX.	MONTANT.	OBSERVATIONS.
Achats à effectuer d'après les commandes ministérielles			(1) Y compris animaux valant rendus aux vendeurs après paiement.
Achats à effectuer pour cessions			
ENSEMBLE..........			
Achats déjà effectués.......	(1)	(1)	
Achats restant à effectuer..			
TOTAUX			
Crédits mis à la disposition du dépôt.....			
Crédits { manquant			
Crédits { disponible.....................			

CERTIFIÉ véritable par le commandant du dépôt.

A , le 190 .

MODÈLE N° 4.

Art. 22 de l'Instruction.

REQUÊTE

du Ministre de la guerre, présentée au Juge de paix, pour la nomination d'un ou trois experts appelés à prononcer, à la poursuite et diligence du sous-intendant militaire en résidence à

L'an mil neuf cent , le

Nous, sous-intendant militaire chargé de la surveillance administrative du dépôt de remonte de , sur l'avis qui nous a été donné par M , commandant dudit dépôt, que le cheval vendu par M. demeurant à , le , est atteint de , maladie qui, aux termes de la loi du 2 août 1884, donne ouverture à l'action résultant de l'article 164 du Code civil, conformément à l'article 5 de la loi précitée et aux dispositions de l'article 22 du règlement sur la remonte, présentons à M. le juge de paix d la présente requête tendant à faire nommer un ou trois experts selon l'exigence du cas, à l'effet de constater que le cheval précité est atteint de ladite maladie et que, par conséquent, il doit être repris par le vendeur à la charge par lui d'en restituer le prix en principal et accessoires dans le délai fixé par la loi.

Vu :

Le 190 .

Le Juge de paix,

Le Sous-Intendant militaire,

DÉPOT

D

Nota. — Une expédition pour le Ministre.
Une pour le sous-intendant militaire.
Une pour le dépôt.

REMONTE GÉNÉRALE.

Modèle n° 5.

Art. 22 de l'Instruction.

(1) Désigner la maladie.

PROCÈS-VERBAL DE RÉDHIBITION

AU VENDEUR D'UN CHEVAL ATTEINT DE VICES RÉDHIBITOIRES.

L'an mil huit cent quatre-vingt , le .

Vu la loi du 2 août 1884 concernant les vices rédhibitoires dans les ventes ou échanges d'animaux domestiques :

Vu l'article 22 de l'instruction sur le service de la remonte :

Vu le procès-verbal dressé, en exécution de l'article 5 de ladite loi, à l'effet d'établir que le cheval vendu le au dépôt de par M. , ici présent, est atteint de (1) maladie qui, aux termes de l'article de la loi précitée, donne ouverture à l'action résultant de l'article 1741 du Code civil :

Vu les pièces de l'action intentée pour vice rédhibitoire contre le sieur par ministère d'huissier ;

Nous nous sommes transportés dans l'établissement, où, après nous être fait représenter le récépissé à talon, constatant que le montant du prix de la vente, en principal et accessoires, a été versé dans la caisse du receveur des finances de l'arrondissement, avons fait la remise audit sieur du cheval désigné ci-après :

Date de la réception.	NUMÉRO		SEXE.	AGE.	TAILLE.	SIGNALEMENT.	ARME.	PRIX		NOM des officiers acheteurs.	NOM profession et domicile du vendeur.	DATE de L'ACHAT.	VICES rédhibitoires dont le cheval est atteint.	DATE de l'expiration de la durée de garantie.	DATE de la notification au vendeur.	OBSERVATIONS.
	particulier de la succursale.	matricule.						en chiffres.	en toutes lettres.							

Fait triple à , le 190 .

Le Vétérinaire, *Le Commandant,* *Le Sous-Intendant militaire*

Modèle n° 6.

Art. 21 et 27 de l'Instruction.

DÉPOT DE REMONTE D

ETAT signalétique des animaux achetés par le comité présidé par M dans sa séance du à

NUMÉROS DE SÉRIE à l'encolure.	NUMÉROS MATRICULES que doivent prendre les animaux.	SIGNALEMENT.	PRIX D'ACHAT.	CLASSEMENT.	APPRÉCIATION du Président du comité.	OBSERVATIONS.

A , le 190 .

Le président du comité.

MODÈLE N° 7.

Art. 25 de l'Instruction.

REGISTRE D'ACHAT.

DATE et lieu D'ACHAT.	NOMS et PROFESSION du vendeur.	SIGNALEMENT DU CHEVAL.			ESTIMATION de chacun DES OFFICIERS ACHETEURS.			PRIX D'ACHAT.	NOTES DÉTAILLÉES ET APPRÉCIATION (très bon, bon, assez bon, passable.)		APPRÉCIATION du GÉNÉRAL INSPECTEUR.	OBSERVATIONS.
		Sexe, âge, taille, robe, etc.	Origine et race.	Arme.	Président.	1er acheteur.	2e acheteur.		du commandant de dépôt.	du commandant de la circonscription.		

Modèle n° 3.

Art. 25 de l'Instruction.

CARNET DES OFFICIERS ACHETEURS

DATE et lieu D'ACHAT.	NOM, PROFESSION et domicile du vendeur.	NUMÉROS MATRICULES.	SIGNALEMENT DU CHEVAL. Sexe, âge, taille, robe, etc.	Origine et race.	Arme.	CATÉGORIES.	NOTES ET PRIX d'estimation.	PRIX D'ACHAT.	OBSERVATIONS.

REMONTE GÉNÉRALE.

MODÈLE N° 9.

Art. 26 de l'instruction.

ÉTABLISSEMENTS HIPPIQUES DE L'ALGÉRIE ET DE LA TUNISIE.

Dépôt de

REGISTRE MATRICULE

DES CHEVAUX ACHETÉS PAR LE DÉPOT.

INSTRUCTION POUR LA TENUE DE CE REGISTRE.

1° Dans tous les dépôts, les chevaux achetés pour le compte de l'Etat sont portés sur le présent registre et forment une série de numéros. Les numéros sont apposés sur le sabot antérieur droit.

2° Les chevaux nouvellement achetés sont inscrits par ordre d'achat et sur le vu du procès-verbal de quinzaine; les chevaux réintégrés ou rétrocédés sont inscrits par ordre d'arrivée et sur le vu des autorisations ministérielles

3° Les signalements, au jour de l'achat, doivent toujours être inscrits en entier et sans aucun changement. Les modifications qui peuvent survenir avant le départ des chevaux sont faites à l'encre rouge au-dessous du premier signalement et séparées entre elles par un trait horizontal.

4° Il ne doit être fait ni rature, ni surcharge; les modifications sont opérées au moyen d'un simple trait passé sur les mots reconnus inexacts, et de l'inscription interlinéaire de ceux qui doivent les remplacer.

5° Les registres matricules comprennent 2,000 cases. Une fiche, avec indication de l'année, est placée sur tous les feuillets du registre qui sont ouverts le 1er janvier.

NOTA *s'appliquant aux colonnes* 2, 5, 8, 10 *à* 20 *inclus*, 21 *et* 22 *du Registre :*

Colonne 2. Le sexe est désigné par les lettres suivantes : E. *Chevaux entiers*, C. *Chevaux hongres*, J. *Juments*, M. *Mulets* ou *Mules*.

Colonne 5. Pour les chevaux réintégrés ou rétrocédés, indiquer le nom de l'animal.

Colonne 8. Dans le cas où le cheval provient d'un autre dépôt, indiquer son numéro matricule à ce dépôt.

Colonnes 10 à 20 *inclus*. Mentionner par une unité inscrite dans la colonne le service auquel le cheval est destiné.

Colonne 21 Dans le cas où le cheval provient d'un autre dépôt, ne porter aucune indication dans cette colonne.

Colonne 22 Pour les chevaux rétrocédés indiquer le prix du rachat.

NUMÉROS matricules au dépôt.	SEXE.	ANNÉE DE LA NAISSANCE.	TAILLE.	ROBE ET PARTICULARITÉ.	PRIX (EN CHIFFRES).	DATE de ACHAT.	DÉPOTS ACHETEURS.	DATE de l'arrivée au dépôt.	SERVICE AU… SONT…				
									ECOLES.		SE… TÉ1C.		
									Manège.	Carrière.	Réserve.	Ligne et artill.	Légère.
1	2	3	4	5	6	7	8	9	10	11	12	13	14

QUEL LES ANIMAUX AFFECTÉS.						NOMS DES OFFICIERS acheteurs.	NOMS, PROFESSIONS et domicile DES VENDEURS.	PERTES.	
LE. TROUPE.				TRAIT.	MULETS ET MULES.				
Réserve.	Ligne.	Légère.	Artillerie, Génie et Équipages.					DATES.	CAUSES.
15	16	17	18	19	20	21	22	23	24

TABLE ALPHABÉTIQUE.

NOMS (Ils doivent être écrits en bâtarde.)	N°s matricules.	NOMS	N°s matricules.

PROCÈS-VERBAL
DE RÉCEPTION
DE CHEVAUX (1).

N°

EXERCICE 190 .

DU AU

DÉPOT D

(1) Un procès-verbal, même négatif, doit être adressé mensuellement.

Lorsque l'inscription des chevaux nécessitera l'addition d'intercalaires, une récapitulation par page, sera, en outre, ajoutée au procès-verbal.

MODÈLE N° 10.

Art. 26.

Imprimés spéciaux n° 70.

1 expédition pour le Ministre. Pour les archives du dépôt on établira seulement la récapitulation qui figure à la dernière page du procès-verbal.

REMONTE GÉNÉRALE.

(ALGÉRIE.)

L'an mil neuf cent
le du mois de ,
nous, sous-intendant militaire, chargé de la surveillance administrative du Dépôt de remonte de , vu l'article 26 du règlement sur le service des remontes en Algérie, avons ouvert le présent procès-verbal pour constater la réception des chevaux qui seront admis dans cet établissement depuis ce jour jusqu'au du mois courant inclus, et inscrits à mesure de leur réception, au tableau d'autre part, et en présence de
assisté de
vétérinaire, avons procédé à la réception des chevaux qui ont été présentés.

NOTA. — Le présent procès-verbal sera signé, à la clôture, par les officiers et vétérinaires présents qui auront pris part aux opérations de chaque jour, et par le sous-intendant militaire.

DATE DE L'ARRIVÉE au Dépôt.	N° MATRICULE DE RÉCEPTION.	SEXE					AGE.	TAILLE. (centimètres.)	SIGNALEMENT.	ARMES (en toutes lettres).	Indication du prix des chevaux de tête et de troupe par armes et des mulets. (en chiffres.)	
		ENTIER.	HONGRE.	JUMENT.	MULET.	MULE.					Cavalerie légère.	mulets et mules.
TOTAL....									TOTAL			

PRIX (en toutes lettres.)	NOMS DES OFFICIERS acheteurs.	DATES des ACHATS.	LIEUX où les ACHATS ont été faits.	JOUR A COMPTER duquel la nourriture est due au compte de l'État.	LIEUX où les LIVRAISONS ont été effectuées.	DÉSIGNATION DES VENDEURS.		OBSERVATIONS.
						NOMS et prénoms	Profession et domicile.	

Clos et arrêté le présent procès-verbal, duquel il résulte :

1° Que le nombre total des animaux reçus du au du présent mois au Dépôt de s'est élevé à dont de tête et de troupe : que ces animaux ont été, au fur et à mesure de leur inscription, marqués d'une empreinte au fer chaud sur la partie antérieure du sabot hors montoir ;

2° Que le prix total de ces animaux s'est élevé à la somme de

3° Enfin que le classement par arme de animaux a donné le résultat suivant :

	CHEVAUX et mulets achetés.		MONTANT des achats.		CLASSEMENT DES ANIMAUX PAR AGE.															OBSERVATIONS.
					CHEVAUX										MULETS.					
					de tête.					de troupe.										
	de tête.	de troupe.	Pour chevaux de tête.	Pour chevaux de troupe et mulets.	4 ans.	5 ans.	6 ans.	7 ans.	8 ans.	4 ans.	5 ans.	6 ans.	7 ans.	8 ans.	4 ans.	5 ans.	6 ans.	7 ans.	8 ans.	
Cavalerie légère......																				
Mulets...............																				
TOTAUX particuliers..																				
TOTAUX généraux																				

A , le 190 .

*Le *Le *Le commandant le dépôt de remonte

Le vétérinaire,

Le Sous-Intendant militaire.

* Indiquer le grade des officiers et vétérinaires qui signeront le procès-verbal.

EXERCICE 190 .

Du au

N°

MODÈLE N° 11.

(Art. 28.)

1 expédition pour le Ministre.

REMONTE GENERALE.

DÉPOT DE REMONTE D

PROCÈS-VERBAL DE CHANGEMENT DE CATÉGORIE DE CHEVAUX DE REMONTE.

L'an mil huit cent quatre-vingt le nous , sous-intendant militaire à la résidence de d'après l'avis qui nous a été donné par le commandant dudit établissement de constater le changement de catégorie de cheva de remonte du dépôt de effectué pendant le mois de nous nous sommes rendu dans les écuries de l'établissement et nous avons trouvé MM. , commandant le dépôt et vétérinaire et nous avons constaté l'opération de la manière suivante :

NOTA. — Une copie de ce procès-verbal doit être adressée au Ministre par l'intermédiaire de l'intendant militaire de la division.

DATES des changements de catégorie.	DATE de L'ARRIVÉE au dépôt.	NUMÉROS MATRICULES.	SEXE ENTIERS.	SEXE HONGRES.	SEXE JUMENTS.	AGE.	TAILLE.	SIGNALEMENT.	ARMES. (En toutes lettres.)	PRIX en CHIFFRES.	PRIX en toutes LETTRES.
CHEVAUX VENUS D'UNE											
CHEVAUX PASSÉS D'UNE CATÉGORIE											

NOMS des officiers tours.	DATE des ATS	LIEUX où les achats ont été faits.	NOMS, PROFESSION et domicile des vendeurs.	DÉSIGNATION DE LA CATÉGORIE pour laquelle le cheval		Différence du prix d'achat à celui fixé pour la catégorie dans laquelle le cheval a été définitivement classé		MOTIFS des changements de classement. — OBSERVATIONS du sous-intendant militaire.
				avait été désigné au moment de l'achat.	a été désigné après le nouveau classement.	au profit de l'État.	au préjudice de l'État.	

CATÉGORIE INFÉRIEURE.

SUPÉRIEURE A UNE ARME INFÉRIEURE.

Clos et arrêté le présent procès-verbal duquel il résulte :

1° Que cheva passé d'une catégorie inférieure à une catégorie supérieure, ce qui donne sur le prix de ces chevaux une différence au profit de l'Etat de la somme de..	
2° Que cheva passé d'une catégorie supérieure à une catégorie inférieure, ce qui donne, sur le prix de ces chevaux, une différence au préjudice de l'Etat de la somme de..	
3° Enfin que la différence du prix d'achat à celui fixé pour la catégorie dans laquelle les chevaux ont été définitivement classés produit une économie ou un excédent de dépense de la somme de..	

Le Vétérinaire,

A , le 190 .

Le commandant du dépôt.

Le Sous-Intendant militaire,

Modèle n° 12.

Art. 29 de l'Instruction.

2 expéditions.

DÉPOT DE REMONTE d

LE MOUVEMENT SERA EXÉCUTÉ PAR VOIES FERRÉES.

MOUVEMENT à exécuter par le chemin de fer en vertu de l'ordre en date du   de M. le chef d'escadron commandant le dépôt de remonte de   , président du comité d'achat et par suite de la délégation qui lui a été donnée par M. le général commandant le 19e corps d'armée en date du

DÉSIGNATION du corps à mettre en mouvement.	Officiers.	EFFECTIF ET TONNAGE.								Emplacement de la troupe.	Date et lieu de départ.	Itinéraire à suivre.	ÉPOQUE DE PASSAGE.		Destination. Date et lieu d'arrivée	Compte rendu de l'exécution du mouvement.	Observations.
		Sous-officiers.	Troupe.	Chevaux de selle	Chevaux de trait.	Mulets.	Voitures à 2 roues.	Voitures à 4 roues.	Tonnage approximatif, matériel et bagages.				Arrivée.	Départ.			

A   , le   190 .

Le Chef d'escadron, président du comité d'achat,

19e CORPS D'ARMÉE.

Place d

MODÈLE N° 13.

Art. 22 de l'Instruction.

A envoyer au chef de gare en double expédition.

AVIS DE TRANSPORT

SUR LES TRAINS ORDINAIRES DE L'EXPLOITATION.

***MOUVEMENT** à exécuter par le chemin de fer, en vertu de l'ordre en date du de M. le chef d'escadron commandant le dépôt de remonte de et par suite de la délégation qui lui a été adressée par M. le général commandant le 19e corps d'armée en date du*

DÉSIGNATION des CORPS A TRANSPORTER.	EFFECTIF.		NOMBRE APPROXIMATIF.		GARE et HEURE DU DÉPART	GARE D'ARRIVÉE.	DATE DE DÉPART.	OBSERVATIONS.

Réponse de la gare.

Le train n° partant de la gare de à h. m. emmènera le détachement désigné ci-contre.

A , le 190 .

Le Chef de gare.

A Blida, le 190 .

Le Chef d'escadron commandant le dépôt,

e *RÉGIMENT d* *Contingent* 190 .

A établir en une seule expédition qui est adressée au Ministre le jour même du départ.

MODÈLE N° 14.

Art. 83 de l'Instruction.

ÉTABLISSEMENTS HIPPIQUES DE L'ALGÉRIE.

DÉPOT DE REMONTE D

Exécution de l
en date du 190 .

ÉTAT SIGNALÉTIQUE d
remis le 190 , à
pour être conduit à

A , le 190 .
Le Commandant du dépôt de remonte,

Je soussigné reconnais que l anima signalé d'autre part m'a été remis par M commandant le dépôt de remonte, pour être conduit sous ma surveillance à

A , le 190 .

DÉTAIL DES LIVRAISONS FAITES AU CORPS.	CHEVAUX DE tête.	CHEVAUX DE troupe.		CHEVAUX DE tête.	CHEVAUX DE troupe.	
Le contingent assigné au corps est de	....					
Le nombre de chevaux livrés est de : le.............						
le.............						
le.............						
le.............						
le.............						
le.............						
le.............						
le.............						
Compris sur le présent contrôle						
RESTE à livrer..................						

DATE DE L'ARRIVÉE à l'établissement.	NUMÉROS matricules.	AGE		SEXE.		TAILLE.	SIGNALEMENTS.	DÉSIGNATION DES COMITÉS d'achat.
		au-dessous de 5 ans.	de 5 ans et au-dessus.	Chevaux.	Mulets.			

DÉSIGNATION de L'ÉTABLISSEMENT acheteur. — NUMÉRO MATRICULE audit établissement. — DATE DE L'ACHAT.	PRIX D'ACHAT.	OBSERVATIONS DU COMMANDANT du détachement.			CHEVAUX D'OFFICIERS.	CLASSEMENT DES ANIMAUX par qualité.				OBSERVATIONS DU DIRECTEUR des établissements hippiques.	OBSERVATIONS.
		sur le signalement des animaux.	sur l'état de santé des animaux au moment du départ.	sur l'état de la ferrure.		Très bons.	Bons.	Assez bons.	Passables.		

ITINÉRAIRE (a)

Il est ordonné à M.
au e régiment d de partir
de demain du courant à heures
du pour conduire au e régiment, en garnison
à les chevaux signalés d'autre part.

Il aura sous ses ordres :

Effectif :	Maréchal des logis Brigadier Cavalier	rétrograder sur l'établissement de remonte.

Il devra suivre l'itinéraire tracé ci-après, savoir :

le à à
le à à
le à à
le à à
le à à
le à à
le à à

(a) Rappeler l'itinéraire que doit suivre le détachement de conduite.

Modèle n° 14 *bis.*
Art. 33 de l'Instruction.

REMONTE GÉNÉRALE.

Établissements hippiques de l'Algérie et de la Tunisie.

Dépôt de remonte d

BORDEREAU de *chevaux livrés l* 190 ,
par le dépôt de remonte d *au* e *régiment*
de *à*

Numéros matricules.	CATÉGORIES	OBSERVATIONS au MOMENT DU DÉPART.	Numéros matricules.	CATÉGORIES	OBSERVATIONS au MOMENT DU DÉPART.

Composition du détachement.

Hommes . . . . { Maréchal des logis . . . . . / Brigadier . . . . / Cavaliers . . . . }

Chevaux . . . . { Tête . . . . / Troupe. . . . . }

A , le 190 .

Le Commandant du dépôt,

Itinéraire pour servir de feuille de route

à M. ou e régiment de auquel il est ordonné de partir demain du courant, à heures minutes de pour conduire au e régiment de en garnison à les chevaux dénombrés d'autre part et compris sur quittance de nourriture ou sur mandats d'étapes pour les journées du au compte du corps ou établissement destinataire.

De le à heures minutes.
De le à heures minutes.
De le à heures minutes.
De le à heures minutes.
De le à heures minutes.
De le à heures minutes.

Délivré par nous (1)

A , le 190 .

Vu arriver à

le 190 .

Le Sous-Intendant militaire,

(1) Nom et grade de l'autorité militaire.

*CORPS D'ARMÉE.

PLACE D

Mois d

N° d'enregistrement au journal des comptes-matières.

SERVICE
de la
REMONTE GÉNÉRALE.
Algérie et Tunisie.

DÉPÔT DE REMONTE D

CHAPITRE . — ARTICLE .

MODÈLE N° 15.

Art. 71 et 78 du Règlement.

ENTRÉE RÉELLE A CHARGE DE PAYEMENT.

TALON de la facture d anima livré par le sieur demeurant à pendant le mois d pour le service de l'armée, en exécution de la commande ministérielle du

NUMÉROS de la classification.		DÉSIGNATION des animaux.	NOMBRE.	PRIX d'achat.	MONTANT.	OBSERVATIONS. (Indiquer dans cette colonne les numéros matricules des animaux achetés.)
sommaire.	détaillée.					
		TOTAUX............				

Le présent talon, montant à la somme totale de est certifié véritable et conforme à la facture dont il a été détaché par le fournisseur soussigné.

A , le 190 .

Reçu et pris en charge l anima ci dessus et arrêté le présent talon à la somme de , qui a été imputée sur le montant du mandat d'avance n° , en date du .

A le 190 .

Le , *Le* , *Le Président du comité.*

Pour acquit de la somme de , montant de la facture.

A , le 190 .

Vu :

Le Sous-Intendant militaire,

REMONTE GÉNÉRALE * COMPTABILITÉ-MATIÈRES

*CORPS D'ARMÉE.

PLACE D

Mois d

N° d'enregistrement au journal des comptes-matières.

SERVICE
de la
REMONTE GÉNÉRALE.
Algérie et Tunisie.

DÉPÔT DE REMONTE D

CHAPITRE . — ARTICLE .

MODÈLE N° 15.

Art. 71 et 78 du Règlement.

Timbre de dimension.

ENTRÉE RÉELLE A CHARGE DE PAYEMENT.

FACTURE d anima livré par le sieur demeurant à pendant le mois d pour le service de l'armée, en exécution de la commande ministérielle du

NUMÉROS de la classification.		DÉSIGNATION des animaux.	NOMBRE.	PRIX d'achat.	MONTANT.	OBSERVATIONS. (Indiquer dans cette colonne les numéros matricules des animaux achetés.)
sommaire.	détaillée.					

La présente facture, montant à la somme de est certifiée véritable par le fournisseur soussigné.

A , le 190 .

Reçu et pris en charge l anima ci-dessus et arrêté la présente facture à la somme de , laquelle a été imputée sur le montant du mandat d'avance n° , en date du .

A , le 190 .

Le Président du comité.

Nous soussignés, membres de la commission d'achat, certifions que la somme de , a été payée en notre présence par le Président du comité.

A , le 190 .

Le *Le* .

Pour acquit de la somme de , montant de la présente facture.

A , le 190 .

Vu :

Le Sous-Intendant militaire,

Timbre d'acquit.

Modèle nº 16.

Art. 82 du Règlement.

DÉPOT DE REMONTE D

ETAT des dépenses probables pendant les mois d 190 .

OBJET.	DÉPENSES payées pendant les mois précédents.	DÉPENSES à payer pendant le mois courant.	DÉPENSES à payer pendant le mois suivant.	TOTAL.	OBSERVATIONS.
Achat de chevaux par le dépôt de remonte........					
Entretien d'étalons........					
Primes à la race chevaline........					
Dépenses accessoires du dépôt de remonte........					
Totaux........					

A , le 190 .

Le Chef d'escadron commandant le dépôt de remonte.

e TRIMESTRE 190 .

Modèle n° 17.

Art. 49 de l'Instruction.

Dépense n°

DÉPOT DE REMONTE D

REQUISITION.

Le président du comité d'achat d
réquisitionne les nommés

Pour la conduite de cheva et mulet
partant de le 190

A , le 190 .

Le Président du comité,

Pour aller à le 190
jours aller jours retour.

Le Sous-Intendant militaire,

***BORDEREAU** des sommes payées aux indigènes pour frais de conduite de chevaux et mulets de remonte des lieux d'achat au dépôt.*

NOMS des INDIGÈNES.	MUTATIONS.	NOMBRE de jours.	SOLDE par jour.	SOMMES payées.	OBSERVATIONS.
	TOTAL........................				

CERTIFIÉ, le présent bordereau s'élevant à la somme de

A , le 190 .

Vu :
Le Sous-Intendant militaire,

Le Commandant du dépôt ou annexe,

e TRIMESTRE 190 .

2 expéditions : 1 pour le payeur, 1 pour le Ministre.

ÉTABLISSEMENTS HIPPIQUES
DE L'ALGÉRIE
ET DE LA TUNISIE.

MODÈLE N° 18

Art. 51 de l'Instruction.

Dépôt de remonte d

ÉTAT des sommes payées aux sous-officiers, brigadiers et cavaliers pour indemnité de garde-étalons du au 190 .

NUMÉROS MATRICULES.	NOMS.	GRADES.	MUTATIONS.	NOMBRE DE JOURS.	SOLDE PAR JOUR.	SOMMES PAYÉES.	ÉMARGEMENT.
		À REPORTER					

NUMÉROS MATRICULES.	NOMS.	GRADES.	MUTATIONS.	NOMBRE DE JOURS.	SOLDE PAR JOUR.	SOMMES PAYÉES.	ÉMARGEMENT.
			REPORT..........				
			TOTAL....................				

CERTIFIÉ le présent état s'élevant à la somme de

Vu et VÉRIFIÉ :

Par nous commandant du dépôt de remonte,

A , le 190 .

Le Capitaine commandant la

Vu :

Le Sous-Intendant militaire,

N° des dépenses au journal.

EXERCICE 190 .

° TRIMESTRE.

Mois de

° quinzaine.

ÉTABLISSEMENTS HIPPIQUES
DE L'ALGÉRIE
ET DE LA TUNISIE.

DÉPOT DE REMONTE
de

MODÈLE N° 19.

Art. 51 de l'Instruction.

3 expéditions : 1 au Ministre ; 1 au payeur ; 1 au dépôt.

N° D'ORDRE.

BORDEREAU récapitulatif des états de l'indemnité de garde-étalons pendant la ° quinzaine du mois d 190 .

EMPLACEMENTS.	NOMBRE de PIÈCES.	MONTANT de CHAQUE ÉTAT.	OBSERVATIONS.
Portion centrale			
Détachement d			
TOTAL..................			

(1) Indiquer le grade.

VU ET VÉRIFIÉ :

Le Sous-Intendant militaire.

CERTIFIÉ par nous (1) commandant le dépôt, le présent état s'élevant à la somme de

A , le 190 .

N° d'inscription des dépenses au registre-journal.

° TRIMESTRE 190 .

ÉTABLISSEMENTS HIPPIQUES DE L'ALGÉRIE ET DE LA TUNISIE.

MODÈLE N° 20.

Art. 58 et 60 de l'Instruction.

N° D'ORDRE.

Dépôt de remonte d

Timbre de dimension.

EXERCICE 190 .

1re SECTION. — SERVICE ORDINAIRE.

CHAPITRE

ÉTAT pour servir au paiement de l'abonnement à des étalons pendant ledit trimestre.

DÉTAIL.	NOMBRE d'étalons.	NOMBRE de journées.	TAUX de l'abonnement.	DÉCOMPTE en deniers.	OBSERVATIONS.
Il existait au 1er					
Augmentation.					
Etalon venu d le					
TOTAL.......					
Diminution.					
Etalon passé à le					
TOTAL des diminutions.					
RESTE au 1er..............					

CERTIFIÉ le présent état s'élevant à la somme d

A , le 190

Le chef ouvrier,

Payé la somme d
au sieur , montant du présent état.

A , le 190 .

Le Commandant du dépôt,

Pour acquit de la somme d

A , le 190 .

Le chef ouvrier.

VU ET VÉRIFIÉ :

Le Sous-Intendant militaire,

Timbre de quittance.

FORMAT DU PAPIER :
Hauteur 0,86 ; Largeur 0,245.

MODÈLE N° 21.

Art. 66 et 84
de l'Instruction.

DÉPOT DE REMONTE D

REGISTRE-JOURNAL

DES

RECETTES ET DÉPENSES.

Du 1er 190 *au* 190 .

Le présent registre, contenant feuillets, a été coté et paraphé par nous, Sous-Intendant militaire, pour servir à l'inscription de toutes les recettes et dépenses qui seront faites pour le compte du dépôt de remonte d

A , le 190 .

INSTRUCTION

POUR LA TENUE DU PRÉSENT REGISTRE.

Chaque article enregistré reçoit un numéro d'ordre qui est inscrit sur la pièce justificative. La série des numéros est annuelle et unique pour les recettes et les dépenses; elle est renouvelée au 1er janvier de chaque année.

La balance des recettes et des dépenses est faite le premier jour de chaque trimestre. Elle est certifiée par le commandant de l'établissement et visée pour vérification par le sous-intendant militaire.

Année 190 .

DATES.	NUMÉROS d'ordre des pièces.	DÉTAIL des recettes et dépenses	TRIMESTRE auquel s'appliquent les recettes et les dépenses.	RECETTES.	DÉPENSES.

Modèle n° 22

Art. 84 du Règlement.

SERVICE VÉTÉRINAIRE.

e RÉGIMENT d

REGISTRE N° 1.

INFIRMERIE.

Nota. — Toutes les colonnes doivent être remplies et il ne doit pas être inscrit plus de 8 à 9 chevaux par page afin de conserver l'espace nécessaire pour donner avec détails le nom de la maladie, la région qui en est le siège, la cause et le traitement employé (3 août 1880, 2e semestre, p. r., p. 138).

NUMÉRO MATRICULE.	NOM DU CHEVAL.	SEXE.	AGE.	PROVENANCE.	DATE DE L'ENTRÉE à l'infirmerie.	DATE DE LA SORTIE.		NOMBRE DE JOURNÉES passées dans les écuries-infirmeries.	GENRE de MALADIE.	OPÉRATIONS PRATIQUÉES. — (Dans le cas où le cheval aurait été saigné, indiquer le nombre de saignées et la quantité de sang retirée par saignée).	TRAITEMENT et RÉGIME ALIMENTAIRE employés.	OBSERVATIONS.
						Guéri.	Mort ou abattu.					

MODÈLE N° 23

Art. 23 de l'Instruction.

REGISTRE MATRICULE DES ÉTALONS.

(1re PARTIE.)

INSCRIPTION DES RENSEIGNEMENTS SIGNALÉTIQUES.

NUMÉROS MATRICULES.	NOMS DES ÉTALONS.	DATE de L'ARRIVÉE au dépôt.	ANNÉE DE LA NAISSANCE.	TAILLE.	SIGNALEMENT.	PRIX.	NOMS DES OFFICIERS acheteurs.	DATES ET LIEUX d'achat.

NOMS ET DOMICILES des vendeurs.	RACE, ORIGINE, QUALITÉ.	APPRÉCIATION DE L'INSPECTEUR GÉNÉRAL après l'achat.	OBSERVATIONS.	MUTATIONS.

Modèle n° 24.

Art. 81 et 93 de l'Instruction.

REGISTRE MATRICULE DES ÉTALONS.

(2e PARTIE.)

HISTORIQUE.

N° Mle Nom : Race :

HISTORIQUE.

Inscrit au stud-book sous le numéro

Fils de { Père : / Mère :

Acheté le à par une Commission présidée par à Monsieur au prix de

MUTATIONS.

ANNÉES.	STATIONS.	SAILLIES.	PRODUITS	OBSERVATIONS.	ANNÉES.	STATIONS.	SAILLIES.	PRODUITS	OBSERVATIONS.

APPRÉCIATIONS DE MM. LES GÉNÉRAUX INSPECTEURS.

MALADIES SÉRIEUSES.

OBSERVATIONS.

Modèle n° 25. — Art. 97 du Règlement.

N°

ÉTABLISSEMENTS HIPPIQUES DE L'ALGÉRIE

DÉPOT D'ÉTALONS DE

Station de monte de

MONTE DE 190 .

ÉTALON N°

La jument nommée
qui appartient à M.
habitant
arrondissement
département
a été saillie le
par l'étalon ci-dessus dénommé

SIGNALEMENT DE LA JUMENT :

Lieu de naissance
espèce
son père
sa mère
âge
taille
robe
et marques
particulières

Elle a été présentée de nouveau à l'étalon :
Pour le 2e saut le
Pour le 3e saut le

Suivant la déclaration du propriétaire, attestée par le (1)
la jument signalée ci-dessus a mis bas, le
un poul de poil
tête jambes

(1) Maire ou administrateur.

ÉTABLISSEMENTS HIPPIQUES DE L'ALGÉRIE

N°
—
MONTE DE 190
par
L'ÉTALON
N°

ÉTABLISSEMENTS HIPPIQUES
DE L'ALGÉRIE.

Dépôt d'étalons de

CARTE
DE SAILLIE.

STATION
—
DÉPARTEMENT
d

SIGNALEMENT DE LA JUMENT :

Lieu de naissance
espèce
son père
sa mère
âge
taille
robe
et marques
particulières

La jument a été présentée de nouveau à l'étalon :
Pour le 2e saut le
Pour le 3e saut le

La jument nommée
et dont le signalement est ci-contre, qui appartient à M.
habitant
arrondissement d
département d
a été saillie aujourd'hui par l'étalon
A le 190 .

Le Chef de station.

DÉCLARATION DE NAISSANCE.

Je soussigné, propriétaire de la jument signalée ci-dessus, déclare qu'il est né le 189 , de cette jument, un poul de poil tête jambes qui a reçu le nom de
A le 190 .

Le (1) de la commune atteste que la déclaration ci-dessus, faite par M. est sincère et véritable.

(1) Maire ou administrateur.

DISPOSITIONS RÉGLEMENTAIRES.

La saillie des étalons de l'État est gratuite. Il est interdit aux chefs de station ou cavaliers gardes étalons, de recevoir aucune rétribution, soit en argent, soit en nature.

Les chefs de station délivreront pour chaque jument saillie, un certificat signé d'eux et constatant cette saillie.

Le certificat de saillie devra indiquer le nom de l'étalon, le signalement de la jument, le nom et la demeure du propriétaire.

Les certificats de saillie seront détachés d'un registre à talon numéroté et paraphé à l'avance, sur chaque feuillet, par le commandant du dépôt d'étalons.

Après la monte, les talons seront remis au commandant du dépôt et tous les renseignements relatifs à la monte, seront portés sommairement, pour chaque étalon, sur le registre de la monte et sur le registre matricule. Les registres à talon de chaque année seront conservés avec soin.

Tout particulier qui aura fait saillir une jument par un étalon de l'État, devra faire connaître au chef de la station, où la jument aura été saillie, ou au commandant du dépôt d'étalons, le sexe de la production qu'il aura obtenue. A cet effet, il consignera sur la carte de saillie qui lui aura été délivrée, une déclaration, constatant cette naissance, avec indication de la robe du poulain ou de la pouliche. Cette déclaration, signée de lui et attestée par le maire de la commune (ou le fonctionnaire qui en remplit les fonctions) sera remise au chef de la station et envoyée par celui-ci au commandant du dépôt d'étalons, qui adressera en échange au propriétaire de la jument, un certificat de naissance. L'échange des déclarations de naissance contre des certificats délivrés par le commandant du dépôt aura lieu dans l'année; c'est-à-dire jusqu'au 31 décembre de l'année de la naissance des produits.

Il ne sera délivré de duplicata de certificat de naissance qu'avec l'autorisation du directeur des établissements hippiques.

الحمد لله وحده

NOTES

SUR LA CONFORMATION ET LES ANTÉCÉDENTS DE LA JUMENT.

Modèle n° 26.

Art. 97 de l'Instruction.

ÉTABLISSEMENTS HIPPIQUES DE L'ALGÉRIE.

DÉPOT D'ÉTALONS

DE

STATION D

REGISTRE DE SAILLIES.

190 .

COMPOSITION DE LA STATION

EN HOMMES.				EN ÉTALONS.			
Nos matricules.	NOMS.	GRADES.	OBSERVATIONS.	Nos matricules.	NOMS DES ÉTALONS.	ESPÈCES.	OBSERVATIONS (1)

(1) Indiquer dans cette colonne si c'est la 1re, la 2e, la 3e ou la 4e année que l'étalon fait la monte dans la station.

NUMÉROS D'ORDRE.	NOMS DES ÉTALONS.	NOMS DU PROPRIÉTAIRE de la Tribu ET DU CAÏD.	SIGNALEMENT DE LA JUMENT ET SA CONFORMATION.

DATES DES SAILLIES.			PRODUITS.
1re.	2me.	3me.	

MONTE de 190 .

STATION D

RELEVÉ DES SAILLIES faites par les Étalons de l'État pendant la monte de l'année 190

N°s matricules.	NOMS DES ÉTALONS.	NOMBRE DE JUMENTS saillies			APPRÉCIATION des ÉTALONS (1).	PRODUITS PRÉSENTÉS.	DE PÈRES CONNUS.	DE PÈRES INCONNUS.	JUMENTS REFUSÉES.		Nombre de Juments saillies appartenant à		OBSERVATIONS (2).
		1re saut.	2e saut.	3e saut.					MOTIF DES REFUS.	NOMBRE.	des Européens.	des Indigènes.	
									Mauvaise conformation...				
									Trop petites............				
									Trop jeunes.............				
									Trop vieilles...........				
									Tares transmissibles.....				
									Maladies contagieuses....				
									Étrangères tarées........				
									Insuffisance d'étalons....				

(1) Résumer dans cette colonne les appréciations de la manière suivante :
1° Ardent ou froid ;
2° Recherché ou non recherché ;
3° Vigoureux ou non ;
4° A remplacer le plus tôt possible ;
5° A réformer.

(2) Indiquer dans cette colonne si le service des vivres et fourrages a été régulièrement fait et les accidents survenus aux étalons pendant la monte.

A , le 190 .

Le Chef de la Station,

MONTE DE 190 .

MODÈLE N° 27.

Art. 97 de l'Instruction.

DÉPOT DE REMONTE D

STATION D

RAPPORT *sur la monte du* *au* 190 .

NUMÉRO MATRICULE.	NOM des ÉTALONS.	NOMBRE DE JUMENTS saillies.				JUMENTS du 1er saut.			APPRÉCIATION DES ÉTALONS.		Juments en chaleur présentées journellement, défalcation faite de celles pourvues d'un ticket ou refusées.	
		1er saut.	2e saut.	3e saut.	Totaux.	Européens.	Indigènes.	Total.	Ardent, vigoureux, saillit en bridon ou en caveçon.	Motifs pour lesquels les étalons sont recherchés par les Européens et les indigènes.	Dates.	Nombre.
	TOTAUX...										TOTAL.......	

PRODUITS non inscrits au stud-book présentés.	NOMBRE		JUMENTS REFUSÉES.	NOMBRE.
	Poulains.	Pouliches.		
De l'étalon.			Mauvaise conformation........	
Id.			Trop petites..................	
Id.			Trop jeunes...................	
			Trop vieilles.................	
			Tares transmissibles..........	
			Maladies contagieuses.........	
			Déjà saillies par des étalons étrangers ou suitées d'un mulet.........................	
			Insuffisance d'étalons..........	
TOTAUX....			TOTAUX.....	

STUD-BOOK.

Nom et adresse des propriétaires des juments inscrites au stud-book pendant la quinzaine.	DATES des SAILLIES.	NOM ET Nº AU STUD-BOOK.				OBSERVATIONS.
		Nº	DE L'ÉTALON.	Nº	DE LA JUMENT.	

Nom et adresse des propriétaires ayant des poulains et pouliches issus de père et mère inscrits au stud-book.	NOM ET Nº AU STUD-BOOK.				OBSERVATIONS.
	Nº	DU PÈRE.	Nº	DE LA JUMENT.	

OBSERVATIONS.

Événements ou accidents.	
État sanitaire des hommes et des étalons.	
État de la ferrure et du harnachement.	
Qualité des vivres et du fourrage.	
Service.	
Punitions.	
Demandes.	
Saillies des baudets	

SAILLIES FAITES DEPUIS LE COMMENCEMENT DE LA MONTE.

Nº MATRICULE.	NOM DES ÉTALONS.	1er saut.	2e saut.	3e saut.	TOTAL	PROPRIÉTAIRES.		TOTAL.	NOMBRE DE SAILLIES restant après le dernier jour de la quinzaine.	OBSERVATIONS.
						Européens	Indigènes.			
	TOTAUX......									

A , le 190 .

Le Chef de station,

Modèle n° 28.

Art. 103
de l'Instruction.

JUMENTS ET POULICHES.

Nom : N°s matricules. Pouliche : / Jument :

Race :

Noms et race............ du père : / de la mère :

Inscrite au Stud-Book sous le n°

Provenance.

Signalements. A deux ans. / Lors du classement comme poulinière ou de la radiation.

Taille à 1 an : / à 2 ans : / à 3 ans : / à 4 ans :

ACCOUPLEMENTS.

Années.	Noms des étalons.	Race des étalons.	Résultats obtenus.	Destination donnée aux produits.

APPRÉCIATIONS ANNUELLES.

ANNÉES.	NOTES du COLONEL DIRECTEUR.	NOTES du GÉNÉRAL INSPECTEUR.	ESTIMATION.

CAUSES ET DATES DE LA RADIATION.	PRIX D'ESTIMATION lors de la radiation.

MODÈLE Nº 29.

Art. 105 de l'Instruction.

ÉTALONS ET POULAINS.

NOM :

Nos matricules, { Poulain : / Étalon :

RACE :

NOMS ET RACE............. { du père : / de la mère :

Inscrit au Stud-Book sous le nº

PROVENANCE.

SIGNALEMENTS.

A deux ans.

Lors du classement comme étalon ou de la radiation.

TAILLE { à 1 an : / à 2 ans : / à 3 ans : / à 4 ans :

CAUSES ET DATES DE LA RADIATION.	PRIX D'ESTIMATION lors de la radiation.

APPRÉCIATIONS ANNUELLES.

ANNÉES.	NOTES du COLONEL DIRECTEUR.	NOTES du GÉNÉRAL INSPECTEUR.	ESTIMATION.

MODÈLES DES ETATS

PRÉVUS DANS LES ANNEXES.

(Les frais d'impression de ces divers modèles seront payés sur les fonds accessoires du service de la remonte.)

19e CORPS D'ARMÉE.

DIVISION MILITAIRE

d

Établissements hippiques
de l'Algérie
et de la Tunisie.

MODÈLE A.

Art. 3. Annexe n°3

PRIMES D'ENCOURAGEMENT A L'ÉLEVAGE DE LA RACE CHEVALINE.

ÉTAT indiquant les chefs-lieux de circonscription hippique et la répartition des primes à distribuer pour l'année 190 .

CIRCONSCRIPTIONS HIPPIQUES.	POULAINS ET POULICHES.					JUMENTS POULINIÈRES.					DÉCOMPTE en argent.	OBSERVATIONS.
	Primes de			Mentions de		Primes de			Mentions de			
	150	100	50	20	10	150	100	50	20	10		
TOTAUX.....												

A , le 190 .

Le Chef d'escadron commandant le dépôt de remonte,

19ᵉ CORPS D'ARMÉE.

Établissements hippiques
DE L'ALGÉRIE.

PRIMES D'ENCOURAGEMENT
à la race chevaline.

Année 190 .

DIVISION MILITAIRE
D

CIRCONSCRIPTION HIPPIQUE
A

MODÈLE B.

Art. 12. Annexe n° 3

ÉTAT d'émargement des sommes payées aux éleveurs de la circonscription pour primes d'encouragement à la race chevaline.

NOMS DES PROPRIÉTAIRES.	RÉSIDENCES.	MONTANT des primes payées.	TOTAL par catégorie	ÉMARGEMENT.
1° AUX POULAINS ET POULICHES DE 3 ANS.				
A reporter..........				

NOTA. — Les timbres-quittances doivent être apposés seulement sur l'expédition destinée aux payeurs et oblitérés par les parties prenantes elles-mêmes.

NOMS DES PROPRIÉTAIRES.	RÉSIDENCES.	MONTANT des primes payées.	TOTAL par catégorie	ÉMARGEMENT.
	Report....			
	TOTAL....			
	A reporter..			

NOMS DES PROPRIÉTAIRES.	RÉSIDENCES.	MONTANT des primes payées.	TOTAL par catégorie	ÉMARGEMENT
	Report....			
2° Aux juments poulinières suitées, ou prêtes a mettre bas.				
	Total....			
Total des sommes distribuées.				

Certifié le présent état d'émargement s'élevant à la somme de : et certifié que les propriétaires dénommés d'autre part qui ont déclaré ne savoir signer, ont fait une croix et ont été payés en notre présence par le président de a com mission.

l A 190 .

L' L Le Le

Le Chef d'escadron, président,

Vu :

Le Sous-Intendant militaire.

19e CORPS D'ARMÉE.

DIVISION MILITAIRE D

ÉTABLISSEMENTS HIPPIQUES DE L'ALGÉRIE.

MODÈLE C.

Art. 12, annexe nº 3 de l'Instruction du

CIRCONSCRIPTION HIPPIQUE D

PRIMES D'ENCOURAGEMENT A LA RACE CHEVALINE.

Une prime de la somme de francs
a été accordée à M. signalé ci-après
(1) pour (2)

NOM.	SEXE.	AGE.	TAILLE.	SIGNALEMENT.	PÈRE.	MÈRE.

أنعم الباي لك على [illegible] من [illegible] بجزاء قدره [illegible] فرنك
[illegible] الخيل لاعتنائه في تربية [illegible] التي ذكره

الام	الاب	الصفة	القامة	السن	ذكر او انثى	الاسم

A , le 189 .
le le le le

Le *Président de la Commission,*

(1) Résidence.
(2) Poulain, pouliche ou jument

CORPS D'ARMÉE.
—
DIVISION MILITAIRE
d

ÉTABLISSEMENTS HIPPIQUES DE L'ALGÉRIE.

MODÈLE D.
—
Art. 12. Annexe n° 3

CIRCONSCRIPTION HIPPIQUE D

PRIMES D'ENCOURAGEMENT A LA RACE CHEVALINE.

Un certificat de mention honorable a été accordé à M. de (1)
pour (2) signalé ci-dessous

NOM.	SEXE.	AGE.	TAILLE	SIGNALEMENT.	PÈRE.	MÈRE.

A le 190 .
le le le le *Le Président de la Commission,*

(1) Résidence. — (2) Poulain, pouliche ou jument.

10e CORPS D'ARMÉE.

Établissements hippiques
DE L'ALGÉRIE.

Année 190 :

PRIMES D'ENCOURAGEMENT
A LA RACE CHEVALINE.

Division militaire d

° CIRCONSCRIPTION HIPPIQUE.
h

MODÈLE K.

Art. 13. Annexe n° 3

PROCÈS-VERBAL des opérations de la Commission

Indiquer la date de la réunion, le lieu et la composition de la commission.

Aujourd'hui 190 , la Commission chargée de distribuer les primes d'encouragement à la race chevaline, dans la ° circonscription hippique de la division militaire d composée de :

Président

M.

Membres

MM.

vétérinaire.
notable européen.
notable indigène.

s'est réunie à 8 heures du matin, à

Nombre de sujets présentés au concours par sexe et par catégorie.

sujets ont été présentés, savoir :

poulains.....................
pouliches.....................
juments poulinières.................

Procédant d'abord par élimination, la commission, après un examen attentif, a écarté du concours, comme ne réunissant pas les conditions exigées ou n'étant pas en état d'être primés :

Indiquer les opérations de la commission par voie d'élimination et le nombre de sujets écartés au concours comme ne réunissant pas les conditions.

Poulains.
- Classés.............................
- Mauvaise conformation, défaut de taille.............................
- En mauvais état, blessés..........
- Tares osseuses.....................
- Robes disparates...................
- Trop jeunes........................
- Trop vieux.........................
- Sans papiers.......................

Pouliches.
- Classées............................
- Mauvaise conformation, défaut de taille.............................
- En mauvais état, blessées.........
- Tares osseuses.....................
- Robes disparates...................
- Trop jeunes........................
- Trop vieilles......................
- Sans papiers.......................

Juments poulinières.
- Classées............................
- Mauvaise conformation, défaut de taille.............................
- En mauvais état, blessées.........
- Tares osseuses.....................
- Robes disparates...................
- Trop jeunes........................
- Trop vieilles......................
- Sans papiers.......................
- Non suitées........................

Elle a ensuite choisi parmi les animaux restants ceux qu'elle a jugés dignes d'être primés et dont les signalements sont d'autre part.

NOMS DES PROPRIÉTAIRES.	TRIBUS, CERCLES, VILLES, OU VILLAGES.	SEXE.	AGE.	TAILLE.

NOTA. — Les animaux primés ou mentionnés seront inscrits par catégorie.

ROBES ET MARQUES PARTICULIÈRES conformation et avenir.	ORIGINES.		PRIMES ou MENTIONS HONORABLES accordées.	OBSERVATIONS. Nota. — A-t-on représenté la carte de saillie ?
	Père. Nom. Provenance.	Mère. Provenance.		

Au besoin une intercalaire sera ajoutée au procès-verbal.

AMÉLIORATION DE L'ESPÈCE SOUS LE RAPPORT

De la conformation...

Des soins.............

OBSERVATIONS GÉNÉRALES.

Fait et clos à les jour, mois et an que dessus.

Le Le le Le

Le Président,

MODÈLE A.

Art. 1er. Annexe n° 4

CONTROLE

PAR COMMUNE DES ANIMAUX INSCRITS AU STUD-BOOK ALGÉRIEN.

N°s D'INSCRIPTION au stud-book.	ANNÉE DE L'INSCRIPTION.	NOMS des ANIMAUX.	ORIGINE	NOMS et DOMICILE des propriétaires.	ENREGISTREMENT des NAISSANCES.	DATE de la MARQUE à l'encolure des produits.	MUTATIONS.	OBSERVATIONS.

Modèle B.

Art. 2. Annexe n° 4

CONTROLE NOMINATIF

DE POULINIÈRES INSCRITES AU STUD-BOOK

SAILLIES DES JUMENTS INSCRI

NOMS des PROPRIÉTAIRES.	ADRESSES.	SIGNALEMENT de la JUMENT.	NUMÉRO au Stud-book.	SAILLIES EN 190 .		
				NUMÉRO matricule.	NOM ET RACE de l'étalon	NUMÉRO au Stud-book.

TES AU STUD-BOOK. PRODUITS.

SIGNALEMENT des PRODUITS ET DATE de la naissance.	DATE de la SAILLIE EN 190 .	NUMÉRO ma-tricule.	NOM de L'ÉTALON.	RACE et NUMÉRO au stud-book.	OBSERVATIONS.
	1er saut. 2e id. 3e id.				
	1er saut. 2e id. 3e id.				
	1er saut. 2e id. 3e id.				
	1er saut. 2e id. 3e id.				
	1er saut. 2e id. 3e id.				
	1er saut. 2e id. 3e id.				
	1er saut. 2e id. 3e id.				

MINISTÈRE
DE LA GUERRE.

2e DIRECTION.
BUREAU DES REMONTES
OU
DIRECTION DU CONTRÔLE

Art. 17 de l'Annexe n° 5.

MODÈLE A.

JUMENTERIE.

ÉTABLISSEMENT D'ÉLEVAGE.

BUDGET DE L'EXERCICE 190

1re PARTIE (DÉPENSES).

Composition du personnel et effectif par catégorie des animaux à entretenir, suivant décisions ministérielles des

a. — PERSONNEL MILITAIRE.

OFFICIERS.

DÉSIGNATION des GRADES.	FONCTIONS	NOMBRE.	SOLDE NETTE par mois.	INDEMNITÉS				OBSERVATIONS
				de monture	pour frais de bureau			

TROU

DÉSIGNATION des GRADES.	CORPS D'AFFECTATION.	NOMBRE.	SOLDE JOURNALIÈRE.	HAUTE PAYE.	INDEMNITÉS			
					de viande.	de riz et de sel	de vivres.	de chauffage.

b. — PERSONNEL CIVIL.

PE.

PRIME de LA MASSE d'habillement.	GRATIFICATIONS.	INDEMNITÉS DIVERSES			OBSERVATIONS.
		de GARDE-ÉTALON.			

c. — ANIMAUX.

DÉSIGNATION des DIVERSES CATÉGORIES	NOMBRE.	COMPOSITION DES RATIONS.				PRIX de la RATION journalière.	INDEMNITÉ DE LITIÈRE.	OBSERVATIONS.
		DÉCISION les déterminant.	FOIN.	PAILLE.	ORGE ou avoine			
Étalons............								
Juments poulinières								
Poulains sous la mère............								
Poulains de 6 à 18 mois............								
Poulains au-dessus de 18 mois......								
Chevaux d'officiers.								
Chevaux de service.								

A. — DÉPENSES IMPUTABLES A DIFFÉRENTS

§ 1er. — Dépenses d'entretien du personnel militaire.

OFFICIERS.

DÉSIGNATION des GRADES.	FONCTIONS.	NOMBRE.	SOLDE NETTE annuelle.	INDEMNITÉS ANNUELLES			
				de MONTURE.	pour FRAIS de bureau		

Total pour les officiers.................

TROUPE.

DÉSIGNATION. des GRADES.	NOMBRE.	SOLDE.	HAUTE PAYE.	INDEMNITÉS				PRIMES de LA MASSE d'habillement.			
				de VIANDE.	de LÉGUMES.	de VIVRES	de CHAUFFAGE.				

Total pour la troupe...................

A reporter :

PENSES.

CRÉDITS DEMANDÉS pour 1900.	CRÉDITS ACCORDÉS pour 1899.	DIFFÉRENCES		OBSERVATIONS.	CRÉDITS ACCORDÉS par le Ministre.
		EN PLUS.	EN MOINS.		
CHAPITRES DU BUDGET GÉNÉRAL.					
—				Imputé sur la solde.	
—					
—				Imputé sur la solde, les vivres, la viande, l'habillement.	
—					

	CRÉDITS demandés pour 1900.	CRÉDITS accordés pour 1899.	DIFFÉRENCES en plus.	DIFFÉRENCES en moins.	OBSERVATIONS.	CRÉDITS accordés par le Ministre
REPORT................						
§ 2. — NOURRITURE DES ANIMAUX.						
DÉSIGNATION des diverses catégories. | NOMBRE. | DÉPENSE journalière | DÉPENSE annuelle.						
TOTAL du paragraphe 2......						
TOTAL des dépenses imputables à différents chapitres du budget..........						

B. — DÉPENSES IMPUTABLES AU BUDGET SPÉCIAL DE L'ÉTABLISSEMENT (CHAPÎTRE 41 §   )

§ 3. — SALAIRE DU PERSONNEL CIVIL.						
TOTAL............						
A reporter............						

	CRÉDITS demandés pour 1900.	CRÉDITS accordés pour 1899.	DIFFÉRENCES en plus.	DIFFÉRENCES en moins.	OBSERVATIONS.	CRÉDITS accordés par le Ministre.
REPORT...............						
§ 4. — DÉPENSES DE TRAVAUX DE BATIMENT.						
a. — *Constructions, améliorations, grosses réparations.*						
NATURE des prévisions. — DÉPENSES approximatives restant à faire.						
TOTAL..........						
b. — *Entretien des bâtiments.*						
TOTAL...............						
A reporter.................						

REPORT...

§ 5. — DÉPENSES DIVERSES
NÉCESSAIRES AU FONCTIONNEMENT DE L'ÉTABLISSEMENT.

1	Achat de reproducteurs et de juments poulinières....................
2	Achat d'effets de harnachement et autres............................
3	Entretien du harnachement et du matériel...........................
4	Abonnement à la ferrure..
5	Indemnités aux garde-étalons...
6	Indemnité au vaguemestre..
7	Frais d'éclairage des locaux ....
8	Achat de combustible nécessaire à l'infirmerie vétérinaire...........
9	Achat de médicaments pour l'infirmerie vétérinaire..................
10	Achat d'ouvrages hippiques, abonnements, etc........................
11	Menues dépenses d'écurie..
12	.....
13	.....
14	.....
15	.....

TOTAL du paragraphe 5...........................

TOTAL GÉNÉRAL des dépenses...................

CRÉDITS DEMANDÉS pour 1900.	CRÉDITS ACCORDÉS pour 1899.	DIFFÉRENCES		OBSERVATIONS.	CRÉDITS ACCORDÉS par le Ministre.
		EN PLUS.	EN MOINS.		

2e PARTIE. (RECETTES.)

NUMÉROS.	DÉSIGNATION des PRODUITS.	QUANTITÉS.	PRIX	RECETTES PRÉVUES pour 1900.	RECETTES EFFECTUÉES en 1890.	EN PLUS.	EN MOINS.	OBSERVATIONS
	1° SOMMES ENCAISSÉES DIRECTEMENT.							
	Vente des fumiers.....							
	Vente des dépouilles d'animaux morts....							
	2° RECETTES PROCURÉES AU TRÉSOR.							
	Vente d'animaux réformés..................							
	Vente de matériel réformé...............							
	POUR MÉMOIRE :							
	Chevaux livrés ou							
	TOTAL des recettes.							

BALANCE

DES PRÉVISIONS DE RECETTES ET DE DÉPENSES.

TOTAL des recettes prévues........

TOTAL des dépenses prévues.......

RESTE en excédent de { Recettes.. / Dépenses.

A Tiaret, le 190 .

Le Capitaine commandant la Jumenterie,

VU et VÉRIFIÉ :

Le Sous-Intendant militaire,

Le Ministre de la guerre approuve le présent budget et en arrête les dépenses à la somme totale de.....................

dont :

pour celles imputables à différents chapitres du budget général.....................................

pour celles imputables au budget particulier de l'établissement (chapitre 41, §).................

TOTAL ÉGAL..................

A Paris, le 190 .

MINISTÈRE
DE LA GUERRE.

2e DIRECTION.
BUREAU DES REMONTES
ou
DIRECTION DU CONTRÔLE.

Art. 17 et 26 de l'annexe no 5.

MODÈLE A 1.

RÉPUBLIQUE FRANÇAISE.

JUMENTERIE DE TIARET.

EXPLOITATION AGRICOLE.

BUDGET DE L'EXERCICE 190 .

1re PARTIE (DÉPENSES).

Composition du personnel et effectif par catégorie des animaux à entretenir suivant décisions ministérielles des

a. — PERSONNEL MILITAIRE.

OFFICIERS.

DÉSIGNATION des GRADES.	FONCTIONS	NOMBRE.	SOLDE NETTE par mois.	INDEMNITÉS				OBSERVATIONS
				de monture	pour frais de BUREAU			
								Rappelé ici pour mémoire : le personnel appartient à l'établissement d'élevage.

TROU

DÉSIGNATION DES GRADES.	CORPS D'AFFECTATION.	NOMBRE.	SOLDE JOURNALIÈRE.	HAUTE PAYE.	INDEMNITÉS DE			
					VIANDE.	RIZ ET SEL.	VIVRES.	CHAUFFAGE.

b. — Personnel civil.

PE.

PRIME de LA MASSE d'habillement.	GRATIFICATIONS du CHEF DE CULTURE.	GRATIFICATIONS AUX OUVRIERS militaires.	ALLOCATIONS spéciales A LA MASSE d'habillement.		OBSERVATIONS.

c. — ANIMAUX.

DÉSIGNATION des diverses CATÉGORIES.	NOMBRE.	COMPOSITION DES RATIONS.				PRIX de la RATION journalière.	INDEMNITÉ DE LITIÈRE.	OBSERVATIONS.
		DÉCISIONS les déterminant.	FOIN.	PAILLE.	ORGE ou AVOINE.			
Chevaux de service..........								
Mulets..........								
Bœufs..........								
Vaches..........								
Moutons..........								
etc.								

DÉ

A. — DÉPENSES IMPUTABLES A DIFFÉRENTS

§ 1er. — Dépenses d'entretien du personnel militaire.

OFFICIERS.

Ce personnel appartient à l'établissement d'élevage.

TROUPE.

DÉSIGNATION DES GRADES.	NOMBRE.	SOLDE.	HAUTE PAYE.	INDEMNITÉS DE				PRIMES de la MASSE d'habillement.			
				VIANDE	LÉGUMES.	VIVRES	CHAUFFAGE.				

TOTAL pour la troupe............

A reporter..........

PENSES.

CRÉDITS DEMANDÉS pour 1900.	CRÉDITS ACCORDÉS pour 1899	DIFFÉRENCES		OBSERVATIONS.	CRÉDITS ACCORDÉS par le Ministre.
		EN PLUS.	EN MOINS.		

CHAPITRES DU BUDGET GÉNÉRAL.

				Imputé sur les chapitres de la sol[illegible], des vivres et de l'habillement	

	CRÉDITS demandés pour 1900.	CRÉDITS accordés pour 1900.	DIFFÉRENCES en plus.	DIFFÉRENCES en moins.	OBSERVATIONS.	CRÉDITS accordés par le Ministre.
Report.........						

B. — DÉPENSES IMPUTABLES AU BUDGET SPÉCIAL DE L'EXPLOITATION AGRICOLE. (Chapitre 27. § .)

§ 2. — SALAIRE DU PERSONNEL CIVIL.						
TOTAL.........						
§ 3. — NOURRITURE DES ANIMAUX.						

DÉSIGNATION des diverses catégories.	NOMBRE.	DÉPENSE journalière.	DÉPENSE annuelle.
TOTAL.......			

A Reporter........

	CRÉDITS demandés pour 1900.	CRÉDITS accordés pour 1899.	DIFFÉRENCE en plus.	DIFFÉRENCE en moins.	OBSERVATIONS.	CRÉDITS accordés par le Ministre.
Report..........						
§ 4. — **Dépenses de travaux de bâtiment.**						
a. — ***Constructions, améliorations, grosses réparations.***						
NATURE DES PRÉVISIONS. / DÉPENSES approximatives restant à faire.						
TOTAL....						
b. — ***Entretien des bâtiments.***						
TOTAL............						
A reporter......						

Report ....

§ 5. — Dépenses diverses pour l'exploitation agricole

1 Achat et entretien des effets de travail du personnel militaire............
2 Gratification au chef de culture..
3 Gratifications aux ouvriers militaires...
4 Allocation spéciale à la masse d'habillement...............................
5 Achat de matériel et de machines..
(à détailler.)
6 Réparation au matériel et aux machines.......................................
7 Achat de bétail...
(à détailler.)
8 Achats de chevaux de service et de mulets ....
(à détailler.)
9 Achat et entretien des effets de harnachement des animaux de service et de labour.
10 Ferrure des animaux...
8 Achat de semences...
(à détailler.)
9 Achat de combustible, huiles, graisse pour les machines...............
10 Achat d'objets divers de consommation courante.........................
(à détailler.)

....
etc., etc...

Total du paragraphe 5 ....

Total général des dépenses...

CRÉDITS demandés pour 1900.	CRÉDITS accordés pour 1899.	DIFFÉRENCE en plus.		OBSERVATIONS.	CRÉDITS accordés par le Ministre.
		en plus.	en moins.		

2° PARTIE (RECETTES).

NUMÉROS.	DÉSIGNATION des PRODUITS.	QUANTITÉS.	PRIX.	RECETTES		DIFFÉRENCE		OBSERVATIONS.
				prévues pour 1900.	effectuées en 1899.	en plus.	en moins.	
	1° SOMMES ENCAISSÉES DIRECTEMENT.							
	Vente de dépouilles d'animaux morts.							
	2° RECETTES PROCURÉES AU TRÉSOR.							
	Vente d'animaux réformés							
	Vente de matériel réformé							
	Valeur des récoltes prises en charge par le Service des subsistances......							
	(A détailler)..							
	TOTAL des recettes............							

BALANCE

DES PRÉVISIONS DE RECETTES ET DE DÉPENSES.

TOTAL des recettes prévues ....
TOTAL des dépenses prévues ....

RESTE en excédent de { Recettes.... / Dépenses...

A Tiaret, le 190 .

Le Capitaine
commandant la jumenterie,

VU ET VÉRIFIÉ :

Le Sous-intendant militaire,

Le Ministre de la guerre approuve le présent budget et en arrête les dépenses à la somme totale de :

dont :
pour celles imputables à différents chapitres du budget général

pour celles imputables au budget particulier de l'établissement (chap. 27, art. §).

TOTAL ÉGAL........

190 .

MINISTÈRE
DE LA GUERRE.

2ᵉ DIRECTION.

BUREAU DES REMONTES
ou
DIRECTION DU CONTRÔLE

Article 21
de l'annexe n° 5.

MODÈLE B.

RÉPUBLIQUE FRANÇAISE.

JUMENTERIE DE TIARET.

ÉTABLISSEMENT D'ÉLEVAGE.

COMPTE ANNUEL DE L'EXERCICE 190 .

1ʳᵉ PARTIE (DÉPENSES).

Composition du personnel et effectif par catégorie des animaux entretenus suivant décisions ministérielles des

TABLEAU A. — Personnel militaire.

TABLEAU B. — Personnel civil.

TABLEAU C. — Animaux.

(Ces tableaux sont identiques à ceux du tableau A.)

DÉ

A. — DÉPENSES IMPUTABLES A DIFFÉRENTS

§ 1er. — Dépenses d'entretien du personnel militaire.

OFFICIERS.

DÉSIGNATION des GRADES.	FONCTIONS.	NOMBRE.	SOLDE NETTE annuelle.	INDEMNITÉS ANNUELLES de MONTURE.	INDEMNITÉS ANNUELLES pour FRAIS de bureau.		

Total pour les officiers..........................

TROUPE.

DÉSIGNATION des GRADES.	NOMBRE	SOLDE	HAUTE-PAYE.	INDEMNITÉS de viande.	INDEMNITÉS de légumes.	INDEMNITÉS de vivres.	INDEMNITÉS de chauffage.	PRIMES de LA MASSE d'habillement.			

Total pour la troupe..........................

A reporter..............

PENSES.

CRÉDITS ALLOUÉS.	SOMMES		TOTAL des DÉPENSES.	DIFFÉRENCE AVEC LES CRÉDITS		EXPLICATIONS DES DIFFÉRENCES.
	PAYÉES.	RESTANT à payer.		en plus.	en moins.	
CHAPITRES DU BUDGET GÉNÉRAL.						

	Crédits alloués.	SOMMES payées	SOMMES restant à payer.	Total des dépenses.	DIFFÉRENCE avec les crédits. en plus.	DIFFÉRENCE avec les crédits. en moins.	EXPLICATIONS des différences.
Report..............							
§ 2. NOURRITURE DES ANIMAUX.							

DÉSIGNATION des diverses catégories.	NOMBRE.	DÉPENSE journalière.	DÉPENSE annuelle.
TOTAL du § 2....			

	Crédits alloués.	SOMMES payées	SOMMES restant à payer.	Total des dépenses.	DIFFÉRENCE avec les crédits. en plus.	DIFFÉRENCE avec les crédits. en moins.	EXPLICATIONS des différences.
TOTAL des dépenses imputables à différents chapitres du budget..................							

B. — DÉPENSES IMPUTABLES AU BUDGET SPÉCIAL DE L'ÉTABLISSEMENT (CHAPITRE 41 §).

	Crédits alloués.	SOMMES payées	SOMMES restant à payer.	Total des dépenses.	DIFFÉRENCE avec les crédits. en plus.	DIFFÉRENCE avec les crédits. en moins.	EXPLICATIONS des différences.
§ 3. SALAIRE DU PERSONNEL CIVIL.							
TOTAL.................							
A reporter..........							

	Crédits alloués.	SOMMES payées	SOMMES restant à payer.	Total des dépenses.	DIFFÉRENCE avec les crédits en plus.	DIFFÉRENCE avec les crédits en moins.	EXPLICATIONS des différences.
Report...............							
§ 4. DÉPENSES DE TRAVAUX DE BATIMENT.							
a) *Constructions, améliorations, grosses réparations.*							
TRAVAUX EXÉCUTÉS.							
TOTAL....................							
b) *Entretien des bâtiments.*							
....							
A reporter...........							

Report..........

§ 5. — DÉPENSES DIVERSES NÉCESSAIRES AU FONCTIONNEMENT DE L'ÉTABLISSEMENT.

1	Achat de reproducteurs et de juments poulinières..........................
2	Achat d'effets de harnachement et autres..........................
3	Entretien du harnachement et du matériel..........................
4	Abonnement à la ferrure..........................
5	Indemnités aux gardes-étalons..........................
6	Indemnité au vaguemestre..........................
7	Frais d'éclairage des locaux..........................
8	Achat de combustible nécessaire à l'infirmerie vétérinaire..........................
9	Achats de médicaments pour l'infirmerie vétérinaire..........................
10	Achat d'ouvrages hippiques, abonnements, etc..........................
11	Menues dépenses d'écurie..........................
12	....
13	....
14	....
15	....

TOTAL du § 5............

TOTAL GÉNÉRAL des dépenses........

CRÉDITS ALLOUÉS.	SOMMES		TOTAL DES DÉPENSES.	DIFFÉRENCE AVEC LES CRÉDITS		EXPLICATION des DIFFÉRENCES.
	PAYÉES.	restant à PAYER.		en plus.	en moins.	

2e PARTIE (RECETTES).

NUMÉROS.	DÉSIGNATION des PRODUITS.	QUANTITÉS.	PRIX.	RECETTES pré-vues.	SOMMES reçues	SOMMES restant à recouvrer.	TOTAL des recettes.	DIFFÉRENCE avec les prévisions en plus.	DIFFÉRENCE avec les prévisions en moins	EXPLICATION des différences.
	1° Sommes encaissées directement.									
	Vente des fumiers.									
	Vente des dépouilles d'animaux morts.									
	2° Recettes procurées au Trésor.									
	Vente d'animaux réformés..........									
	Vente de matériel réformé.........									
	Pour mémoire :									
	Chevaux livrés au..									
	TOTAL des recettes.									

BALANCE
DES RECETTES ET DES DÉPENSES.

TOTAL des recettes . . . .

TOTAL des dépenses. . . . .

RESTE en excédent. { Recettes. . . . .
Dépenses. . . . .

Arrêté le présent compte annuel aux chiffres ci-dessus.

A Tiaret, le 190 .

Le Capitaine
commandant la jumenterie,

VU et VÉRIFIÉ :

Le Sous-Intendant militaire,

MINISTÈRE
DE LA GUERRE.

2e DIRECTION.

BUREAU DES REMONTES.
OU
DIRECTION DU CONTRÔLE.

Modèle B1.
Art. 21 et 26
de l'annexe n° 5.

RÉPUBLIQUE FRANÇAISE.

JUMENTERIE DE TIARET.

EXPLOITATION AGRICOLE.

COMPTE ANNUEL DE L'EXERCICE 190 .

1re PARTIE (DÉPENSES).

COMPOSITION *du personnel et effectif par catégorie des animaux entretenus suivant décisions ministérielles des*

Tableau A. — Personnel militaire.

Tableau B. — Personnel civil.

Tableau C. — Animaux.

(Ces tableaux sont identiques à ceux du modèle A1).

DÉ

A. — DÉPENSES IMPUTABLES A DIFFÉRENTS

§ 1er. DÉPENSES D'ENTRETIEN DU PERSONNEL MILITAIRE.

OFFICIERS.

Ce personnel appartient à l'établissement d'élevage.

TROUPE.

DÉSIGNATION des GRADES.	NOMBRE.	SOLDE.	HAUTE PAYE.	INDEMNITÉS. de VIANDE	de LÉGUMES.	de VIVRES	de CHAUFFAGE.	PRIMES de la MASSE d'habillement.			

TOTAL pour la troupe..............

A reporter..................

PENSES.

CRÉDITS ALLOUÉS.	SOMMES		TOTAL des DÉPENSES.	DIFFÉRENCE AVEC LES CRÉDITS.		EXPLICATIONS DES DIFFÉRENCES.
	PAYÉES.	RESTANT à payer.		En plus.	En moins.	
CHAPITRES DU BUDGET GÉNÉRAL.						

	CRÉDITS. ALLOUÉS	SOMMES payées	SOMMES Restant à payer.	TOTAL des DÉPENSES	DIFFÉRENCES avec les crédits. En plus.	DIFFÉRENCES avec les crédits. En moins.	EXPLICATIONS des différences.
Report............							

B. — DÉPENSES IMPUTABLES AU BUDGET SPÉCIAL DE L'EXPOITATION AGRICOLE (CHAPITRE 27, §).

§ 2. SALAIRE DU PERSONNEL CIVIL.							
TOTAL...............							
§ 3. NOURRITURE DES ANIMAUX.							

DÉSIGNATION des diverses catégories.	NOMBR.	DÉPENSE journalière.	DÉPENSE annuelle
TOTAL.........			

A reporter........

	CRÉDITS ALLOUÉS	SOMMES payées	SOMMES restant à payer.	TOTAL des DÉPENSES	DIFFÉRENCES avec les crédits. En plus.	DIFFÉRENCES avec les crédits. En moins.	EXPLICATIONS des différences.
Report............							
§ 4 DÉPENSES DE TRAVAUX DE BATIMENT.							
a. — *Constructions, améliorations, grosses réparations.*							
Travaux exécutés.							
TOTAL...............							
b. — *Entretien des bâtiments.*							
TOTAL...............							
A reporter.......							

Report........................

§ 5. DÉPENSES DIVERSES POUR L'EXPLOITATION AGRICOLE.

1	Achat et entretien des effets de travail du personnel militaire..........
2	Gratification au chef de culture..............................
3	Gratifications aux ouvriers militaires.............................
4	Allocation spéciale à la masse d'habillement..........................
5	Achat de matériel et de machines.............................. (*à détailler.*)
6	Réparations au matériel et aux machines.............................
7	Achats de bétail............................. (*à détailler.*)
8	Achats de chevaux de service et de mulets......... .... (*à détailler.*)
9	Achat et entretien des effets de harnachement des animaux de service et de labour.............................
10	Ferrure des animaux.............................
8	Achat de semences............................. (*à détailler*).
9	Achat de combustible, huiles, graisse pour les machines................
10	Achat d'objets divers de consommation courante.............. (*à détailler.*)
	....
	Etc..., etc...

TOTAL du paragraphe 5...............

TOTAL GÉNÉRAL des dépenses...............

CRÉDITS ALLOUÉS.	SOMMES		TOTAL des DÉPENSES.	DIFFÉRENCE avec LES CRÉDITS.		EXPLICATION DES DIFFÉRENCES.
	PAYÉES.	RESTANT à payer.		En plus.	En moins	

2° PARTIE. (RECETTES).

NUMÉROS.	DÉSIGNATION DES PRODUITS.	QUANTITÉS.	PRIX.	RECETTES prévues.	SOMMES reçues.	SOMMES restant à recouvrer.	TOTAL des RECETTES.	DIFFÉRENCES avec les PRÉVISIONS. En plus.	DIFFÉRENCES avec les PRÉVISIONS. En moins.	EXPLICATION des différences.
	1° *Sommes encaissées directement.*									
	Vente de dépouilles d'animaux morts.									
	....									
	2° *Recettes procurées au Trésor.*									
	Vente d'animaux reformés......									
	Vente de matériel réformé.......									
	Valeur des récoltes prises en charge par le service des subsistances......									
	(A détailler.)									
	TOTAL des recettes									

BALANCE
DES RECETTES ET DES DÉPENSES.

TOTAL des recettes.....................

TOTAL des dépenses.....................

RESTE en excédent de { Recettes ....
Dépenses.........

ARRÊTÉ le présent compte annuel aux chiffres ci-dessus.

A Tiaret, le 190.

Le Capitaine,
commandant la jumenterie,

VU et VÉRIFIÉ ;

Le Sous-Intendant militaire,

MINISTÈRE
DE LA GUERRE.

2e DIRECTION.
BUREAU DES REMONTES.

ou
Direction du contrôle.

MODÈLE C.

Art. 23
de l'annexe n° 5.

RÉPUBLIQUE FRANÇAISE.

JUMENTERIE DE TIARET.

ÉTABLISSEMENT D'ÉLEVAGE.

BILAN faisant apparaître l'inventaire estimatif sommaire au 31 décembre 190 .

Richesses immobilières.	Bâtiments.	
	Territoire	
Richesses mobilières.	Compte de gestion Remonte. .	
	Compte de gestion Harnachement	
	Compte de gestion Fourrages. .	
	Etc.	
	TOTAL. . . .	
	RESTANT à payer	
	A reporter	

Report . . . .

Richesse effective de l'établissement. . . . .

Report de la richesse effective au 31 décembre 190 (1)

Différence . . . . { En plus. . . . .
En moins. . . . . }

CERTIFIÉ véritable le présent bilan, duquel il résulte que la richesse de l'exploitation agricole au 31 décembre 190 s'élève à la somme de

en augmentation . . } de
ou en diminution . . }

sur celle de l'année précédente.

A Tiaret, le 190 .

Le Capitaine commandant la jumenterie,

VU et VÉRIFIÉ :

Le Sous-Intendant militaire,

(1) Pour rendre cette richesse comparable à celle de l'année au titre de laquelle est établi le bilan, il convient de la ramener, s'il y a lieu, à ce qu'elle eût été en tenant compte des modifications apportées aux prix de la nomenclature, d'une année à l'autre.

MINISTÈRE
DE LA GUERRE.

2e DIRECTION.
BUREAU DES REMONTES.

au
Direction du contrôle.

MODÈLE C¹.

Art. 23 et 26
de l'annexe n° 5.

RÉPUBLIQUE FRANÇAISE.

JUMENTERIE DE TIARET.

EXPLOITATION AGRICOLE.

BILAN faisant apparaître l'inventaire estimatif sommaire au 31 décembre 190 .

Richesses immobilières.	Bâtiments.	
	Territoire	
Richesses mobilières.	Compte de gestion Remonte. .	
	Compte de gestion Harnachement	
	Compte de gestion Fourrages. .	
	Etc.	
	TOTAL	
	RESTANT à payer	
	A reporter	

Report . . . .

Richesse effective de l'établissement . . . .

Report de la richesse effective au 31 décembre 190 (1)

Différence . . . . . { En plus. . . . .
En moins. . . . . }

Certifié véritable le présent bilan, duquel il résulte que la richesse de l'établissement d'élevage au 31 décembre 190 s'élève à la somme de

en augmentation . . }
ou en diminution . . } de

sur celle de l'année précédente.

A Tiaret, le 190 .

Le Capitaine commandant la jumenterie,

Vu et vérifié :

Le Sous-Intendant militaire,

(1) Pour rendre cette richesse comparable à celle de l'année au titre de laquelle a été établi le bilan, il convient de la ramener, s'il y a lieu, à ce qu'elle eût été en tenant compte des modifications apportées aux prix de la nomenclature, d'une année à l'autre.

TABLE DES MATIÈRES

Articles. Pages.

TITRE III.

MISE EN ROUTE ET CONDUITE DES CHEVAUX DE REMONTE DES LIEUX D'ACHAT DANS LES ÉTABLISSEMENTS. — NOURRITURE DES CHEVAUX EN ROUTE.

TITRE IV.

LIVRAISON AUX CORPS. — MODE DE CONDUITE ET DE NOURRITURE.

TITRE V.

TITRE VI.

ADMINISTRATION. COMPTABILITÉ. MASSES.

TITRE VII.

Modes de paiement des dépenses du service de la remonte.

IIe PARTIE.

SERVICE DES HARAS.

TITRE VIII.

Organisation. Fonctionnement.

TITRE IX.

Achat des étalons.

ANNEXE N° 1.

ANNEXE N° 1 *bis*.

ANNEXE N° 2.

Division territoriale de l'Algérie et de la Tunisie au point de vue du service de la remonte et des haras.

ANNEXE N° 3.

Distribution des primes d'encouragement à la race chevaline.

ANNEXE N° 4.

ANNEXE N° 5.

ANNEXE N° 6.

TABLE DES MODÈLES

SERVICE DES HARAS.

ANNEXE Nº 3.

PRIMES CHEVALINES.

ANNEXE N° 4.

STUD-BOOK ALGÉRIEN.

ANNEXE N° 5.

FONCTIONNEMENT ADMINISTRATIF ET COMPTABILITÉ DE LA JUMENTERIE DE TIARET.

Paris et Limoges. — Imprimerie militaire Henri Charles-Lavauzelle.

www.ingramcontent.com/pod-product-compliance
Ingram Content Group UK Ltd.
Pitfield, Milton Keynes, MK11 3LW, UK
UKHW021924230726
13925UKWH00007B/482

9 782014 064537